特色课程建设丛书
丛书主编　杨四耕

每一个孩子都是最重要的人

V-I-P 课程的内在意蕴与学科视角

金　悦 ◎ 编著

华东师范大学出版社
·上海·

图书在版编目(CIP)数据

每一个孩子都是最重要的人:Ⅴ-Ⅰ-Ｐ课程的内在意蕴与学科视角/金悦编著.—上海:华东师范大学出版社,2021
(特色课程建设丛书)
ISBN 978-7-5760-1826-4

Ⅰ.①每… Ⅱ.①金… Ⅲ.①中小学-课程建设-研究 Ⅳ.①G632.3

中国版本图书馆 CIP 数据核字(2021)第 131022 号

特色课程建设丛书

每一个孩子都是最重要的人:Ⅴ-Ⅰ-Ｐ课程的内在意蕴与学科视角

丛书主编　杨四耕
编　　著　金　悦
责任编辑　刘　佳
项目编辑　林青荻
特约审读　李杨洁
责任校对　林文君　时东明
装帧设计　卢晓红

出版发行　华东师范大学出版社
社　　址　上海市中山北路 3663 号　邮编 200062
网　　址　www.ecnupress.com.cn
电　　话　021-60821666　行政传真 021-62572105
客服电话　021-62865537　门市(邮购)电话 021-62869887
地　　址　上海市中山北路 3663 号华东师范大学校内先锋路口
网　　店　http://hdsdcbs.tmall.com

印　刷　者　上海龙腾印务有限公司
开　　本　787×1092　16 开
印　　张　16.75
字　　数　141 千字
版　　次　2021 年 8 月第 1 版
印　　次　2021 年 8 月第 1 次
书　　号　ISBN 978-7-5760-1826-4
定　　价　54.00 元

出 版 人　王　焰

(如发现本版图书有印订质量问题,请寄回本社客服中心调换或电话 021-62865537 联系)

本书编委会

主　编

金　悦

副主编

顾丽萍　杨　菁　汤　燕　夏世强　束方敏　吕晓蕊

成　员

邓孜畅　刘婷婷　潘　莺　温利华　程　梅　张羽平　钱　祎
朱海兵　杨爱玲　王　偲　马文婷　朱文蓉　盛锋辉　田　鑫
周春芹　黄　剑

丛书总序　走向课程自觉

这是一个焦虑的时代,每一个人都忙忙碌碌;这是一个无坐标的时代,很多人都不知身处何方;这是一个看不见路的时代,大家都不知该如何去面对新的情境;这是一个感觉模糊的时代,对很多事我们缺乏了应有的自觉和反思。

面对这样一个时代,我们需要有起码的文化自觉。在费孝通先生看来,文化自觉是生活在一定文化历史圈子里的人对其文化有"自知之明",并对其发展历程和未来有充分的认识。换言之,文化自觉就是文化的自我觉醒、自我反省和自我创建。

要提升学校课程品质,实现立德树人根本任务,文化自觉是不可或缺的。在我看来,课程领域的文化自觉就是课程自觉,它是人们基于对课程的理性认识,为着课程品质的提升而有清晰的目标意识和科学的路径观念,自觉参与课程变革实践的理性之思与理性之行。

课程自觉是一种有密度的自觉,它不是一个简单概念,而是一种思想、一种行动、一种文化,包含课程自知、课程自在、课程自为、课程自省以及课程自立等基本构成。推进特色课程建设,我们需要怎样的课程自觉呢?

1. 清晰的课程自知。课程自知是人们对特定课程情境的自觉理解,对课程理念和愿景的清晰判断,对课程内容和框架的基本认识,对课程实施路径和方位的整体把握。认识课程,认识自我,这不是一件容易的事。对一位校长来说,课程自知意味着对学校课程规划的整体理解,自觉研判学校文化与课程建构的关系、育人目标与课程架构的关系、资源调配与课程实施的关系;对一位教师来说,课程自知意味着对学科课程群建设的自觉思考,自觉跳出"课程即科目""课程即教学内容"等狭隘的课程观,建立与立德树人要求相适应的崭新课程观。

2. 透彻的课程自在。萨特说:存在先于本质。他曾将存在分为自在的存在和自为的存在,自在的存在是物体同其本身等同的存在,自为的存在是同意识一起扩展的存在。课程自觉需要深刻理解课程自在的文化,需要完整把握课程自在的处境,需要清晰认识课程变革的制度环境和现实可能,进而意识到哪些是可为的,哪些是不可为的;哪些是必须做的,哪些是可选择的;哪些是自己即可为的,哪些是需要制度支持的。

3. 积极的课程自为。按照萨特的观点,自为的存在是自我规定自己存在的。意识是自为的内在结构,自为的存在就是意识面对自我的在场。对课程变革而言,课程主体按照课程发展规律,通过自身的自觉行为和实践实现课程品质的提升,就是课程自为。课程自为意味着我们对课程自在的不满足,意味着我们开动脑筋思考课程变革的空间,意味着我们通过直面本己的课程实践培育新的课程文化,意味着我们在积极的卷入中推进课程深度变革。

4. 深刻的课程自省。课程自省即课程反思。杜威(1933)曾将反思解释为"思,我所思(thinking about thinking)",他鼓励专业人士审思每一个专业判断之下的潜在逻辑。课程变革是一种反思性实践,需要对实践进行反思,再将反思带到新的实践中去。反思性实践是一种主动且持续地审视理论、信念和假设的过程,它可以帮助我们在课程实践中更好地理解自我与他人,选择合适的方式应对可能的情境。课程反思是凌驾于思维之上的更高层次的反思。当你站在既定的框架里去检查这些规则的时候,是无法发现这些规则的问题的;如果你可以跳脱出来,不带评判和预设地去分析这些规则,其中的不妥之处就会被你看到。课程反思是一种能力,当你掌握了这项能力的时候,你就像"觉醒"了一样,一样的世界,你却会有不一样的"看法"。这就是哈贝马斯所谓的"沟通理性"概念,提升课程品质特别需要这样一种理性:反省、批判和论证。

5. 持守的课程自立。《礼记·儒行》:"力行以待取。"每一个人只有在自己的行动中,才能发现自己,才能向世界宣布他具有怎样的价值。课程自立是一个人认识到课程变革是自己的事,要有自己的立场、自己的创见,自持自守,不为外力所动,不随波逐流,进而"回到粗糙的地面"(维特根斯坦语),自觉参与到课程变革中来。课程自立本质上是在课程自知、课程自在、课程自为以及课程自省的作用之下,依靠自己的自觉和力量对课程实践有所贡献,并在此过程中逐渐提升自己的课程能力和专业成熟度,确证自己的"课程人"地位,成为"自己的国王"。

当我们有了清晰的课程自知、透彻的课程自在、积极的课程自为、深刻的课程自省以及持守的课程自立的时候,我们便作为"有创见的主体"主动地介入到课程设计、实施、评价与管理的全过程之中了,学校课程深度变革便自然而然地发生了。

费孝通先生说:"文化自觉是一个艰巨的过程。"让课程意识从"睡眠状态""迷失状态"到"自觉状态",也是一个艰难而痛苦的过程。可喜的是,本套丛书的作者秉持课程自觉之精神,聚焦特色课程建设,在课程自知、课程自在、课程自为、课程自省和课程自立方面掘进,迎来了课程变革的新境界!

杨四耕

2020年7月3日于上海市教育科学研究院

目 录

前言　面向每一个的课程　/1

第一章　暖语文：享受语文学习的快乐　/1

有人说：语文不是语文书，语文是自己的精神家园。语文存在于生活的各个领域，是一门学习语言文字运用的综合性、实践性课程，它致力于提升学生的综合素养，为学生形成正确的世界观、人生观和价值观，为形成良好个性和健全人格打下基础。语文是有生命力的，是鲜活的，是有温度的，"暖语文"命题是可以成立的。

第一节　充满活力的语文学科团队　/2
第二节　语文富有生命的暖色调　/4
第三节　彰显语文学习的暖姿态　/6
第四节　搭建语文教与学的桥梁　/8

第二章　智慧数学：让思维更加灵活　/ 25

　　数学是一种智慧，数学中蕴藏着一种至简至和的智慧，一种至真至通的智慧，一种创造探索的智慧。教材、教师、学生是课堂教学的三要素，通过三位一体的高度规划和设计，我们基于教材整合，教法优化，学法创新，提出了"智慧数学"的学科理念。"智慧数学"是数学课程的理念凝练，是智慧生长的实践载体。

第一节　充满朝气的数学团队　/26

第二节　数学富含智慧的基因　/28

第三节　多角度定位智慧目标　/30

第四节　同生共长的智慧生态　/32

第三章　彩虹英语：五彩缤纷的英语世界　/ 49

　　英语既是语言工具性学科，也是一门人文性学科。学生通过英语课程掌握基本的英语语言知识和一定的英语基础知识，以及听、说、读、写技能，形成一定的综合语言运用能力。英语学科教学还可以培养学生的观察、记忆、思维、想象能力和创新精神，帮助学生了解世界，感知中西方文化的差异，拓宽视野，培养爱国主义精神，形成健康的人生观，为他们的终身学习和发展打下良好基础。

第一节　卓尔不群的学科团队　/50

第二节　五彩缤纷的学科愿景　/53

第三节　砥志研思的学科目标　/55

第四节　笃行致远的学科建设　/57

第四章　活力语文：让学习充满生机与活力　/ 67

语文课程应激发和培育学生热爱祖国语文的思想感情，引导学生丰富语言的积累，培养语感，发展思维，使他们具有适应实际需要的识字写字能力、阅读能力、写作能力、口语交际能力。"活力语文"立足学生身心发展和语文学习的特点，关注学生的个体差异和不同的学习需求，爱护学生的好奇心、求知欲，充分激发学生的主动意识和进取精神，倡导自主、合作、探究的学习方式，语文课程应该是开放而富有创新活力的。

第一节　团结向上的活力团队　/68

第二节　开放创新的活力理念　/69

第三节　指路导航的活力目标　/71

第四节　活力四射的语文学习　/73

第五章　趣味数学：让学习妙趣横生　/ 83

教育的根本目的就是使学生得到全面、可持续的发展。即从单纯的注重知识的传授转变成注重能力的提升。以趣味为抓手，着力打造"趣味数学"不失为上上之策，教师通过改变教育思想、教学方法、教学活动，让学生学会运用数学知识，科学地分析、处理、解决生活中的问题，在培养学生数学能力的同时，激发学生学习数学的兴趣。

第一节　学思并重的教研团队　/84

第二节　回归本真挖掘趣味内涵　/85

第三节　夯实学科基础，着眼素养提升　/88

第四节　"四举"并施，升级学习系统　/89

第六章　立体英语：造就更全面的你　/ 97

　　基于英语课程具有工具性和人文性双重性质的特点，学校提出"立体英语"的学科理念，以"为学生提供个性化课程"为宗旨，提供丰富多彩的课程和活动，将情境教学从课内延伸到课外，构建注重学生体验的、开放式的、动态的课堂，以满足学生不同的英语学习需求，发掘英语潜能，培养具有国际视野的快乐学习者。

第一节　求实进取的学科团队　/98

第二节　多元立体的学科教学　/100

第三节　内涵丰富的立体英语　/102

第四节　丰富多彩的立体课程　/104

第七章　魅力物理：激发每个学生的学习兴趣　/ 117

　　兴趣是最好的老师，要让学生对物理感兴趣，让学生快乐地学习物理。为达成以上目标，物理教研组基于物理学科的本质特征，不断探索，不断实践，形成了独有的教学理念"魅力物理"。利用物理学科本身的魅力，调动学生的积极性，培养学生创新能力，激发学生学习物理的兴趣，从而达成"快乐学物理，成长每一天"的目标。

第一节　探索创新，提升学科质量　/118

第二节　魅力物理，激发学习兴趣　/120

第三节　丰富内涵，提升物理魅力　/123

第四节　学科建设，助力魅力物理　/125

第八章　五彩化学：感知缤纷世界的奥秘　/ 131

化学是一门研究物质的组成与结构、性质及其变化规律的自然科学，这就要求在学习化学的过程中，学生通过体验实验，去感知化学变化，用化学的眼光看世界，理解学科核心知识，提升科学核心素养。化学学习自有特点，"五彩化学"的学科理念是对这一特点的理念回应。

第一节　和谐进取的学科团队　/132
第二节　五彩化学的行动内涵　/133
第三节　四位一体的行动目标　/135
第四节　多角度建设五彩化学　/137

第九章　跨界历史：打造富有魅力的课堂　/ 141

历史学科立足学生的生活经验和知识基础，通过具体、生动的情节，感知历史，清楚地了解具体的历史状况，力争从整体上把握历史，而不是孤立、分散地讲述历史知识，注重跨界教学和历史教学的整合，从多方面调动学生的学习积极性，激发学生学习历史的兴趣，培养学生提出问题和分析问题的能力，逐步养成探究式学习的习惯。

第一节　教研结合夯实发展基础　/142
第二节　育人为本的跨界教学内涵　/143
第三节　回应合格公民的学科目标　/145
第四节　内外兼修的学科建设生态　/147

第十章　开放地理：让学生成为课堂的主角　/ 151

开放式的地理课程，提供了未来公民必备的地理知识。学生通过开放式的地理课程学习，关注到人口、资源、环境和区域发展等问题，从而正确认识人地关系，形成可持续发展的观念。让学生逐步形成人地协调观、综合思维、区域认知、地理实践力等地理学科核心素养，学会从地理视角认识和欣赏自然与人文环境，懂得人与自然和谐共生的道理，提高生活品位和精神境界，是"开放地理"的旨趣。

第一节　知行合一的学科建设基调　/152
第二节　用世界眼光发掘地理内涵　/152
第三节　回应核心素养的学科目标　/154
第四节　培养生存能力的学科生态　/155

第十一章　活力体育：在绿茵场上自由地奔跑　/ 161

为切实培养学生体育核心素养，提高体育学科整体质量，我们本着"小学体育兴趣化、初中体育多样化"的课程改革要求，提出"活力体育"之学科建设理念，即教师通过新课程理念指导教学，遵循学生心理发展和认知的规律，精心设计每个环节，充分调动学生的主体意识，让体育充满活力，通过多年的不懈努力，体育特色学科建设取得了显著成效。

第一节　亦教亦研助推团队发展　/162
第二节　多元立体挖掘活力内涵　/163
第三节　让运动成为生活的习惯　/164
第四节　立体式推进体育学科建设　/166

第十二章　乐享艺术：快乐成长"美"一天　/175

"乐享艺术"旨在把学校缤纷多姿的各类艺术课程、艺术课堂、艺术资源、艺术团队、艺术节日等都变成乐享艺术学习的天地，使学生能够在艺术的海洋体验艺术带来的无尽愉悦与乐趣。通过各类艺术特色课程的学习及各类艺术活动的开展，建设课程为主、活动为辅的完备且有效的艺术特色课程体系，最终达到"乐享艺术"的课程特色。

第一节　立足校园文化，发展学科特色　/176
第二节　打造艺术课程，促进快乐成长　/178
第三节　关注个性发展，凸显艺术优势　/181
第四节　落实学科建设，完善课程体系　/184

第十三章　宽课堂：为每一个孩子成长保驾护航　/189

初中道德与法治是一门以初中学生生活为基础、旨在促进学生道德品质、健康心理、法律意识和公民意识进一步发展的综合性课程。我校致力于构建道德与法治学科"宽课堂"，用宽容的教育理念，创设宽松的课堂氛围，塑造宽厚的文化底蕴，联系宽广的现实生活，引导学生学会过积极健康的生活，做负责任的公民。

第一节　锐意进取的道法教师团队　/190
第二节　以人为本凸显宽课堂内涵　/191
第三节　立足"四有"探索学科目标　/194
第四节　"五位一体"推动特色学科建设　/196

第十四章　阳光心理：让每一个孩子内心充满阳光　/203

　　心理健康教育是培养人才的点睛之笔,是推进中小学生素质教育的重要一环。"阳光心理",旨在全面提高受教育者的心理素质,使其内心充满阳光,成长快乐无限。为此我们制定并实施了系统的学科建设方案,并在实践中不断进行总结、创新,让学生学会用积极、健康的心理感受这个世界,沟通这个世界,友好的对待这个世界,为学生心智的发展插上腾飞的翅膀,增进学生身体及心理上的健康。

第一节　为生命的精彩绽放做好准备　/204

第二节　在生命的调色板上涂抹亮丽色彩　/206

第三节　昂扬生命的崭新姿态　/209

第四节　滋养心灵的阳光雨露　/212

第十五章　磁性科学：让孩子探究科学的奥秘　/219

　　科学课程应该像磁铁一样牢牢吸引住孩子,通过亲身经历动手动脑等探究的全过程,学习科学探究的具体方法和技能,体会科学探究的乐趣,养成运用科学思维解决问题的能力;在科学探究中养成合作、独立思考、敢于质疑的精神,全方位提升自己的科学素养。通过引趣、激趣、探趣、用趣的方式,一步步推进和落实科学课程的学习,这就是"磁性科学"的行动主旨。

第一节　明确学科定位　推动团队成长　/220

第二节　立足学科特点　深挖学科内涵　/222

第三节　夯实学科质量　优化学科目标　/225

第四节　多维立体施策　推进学科建设　/227

第十六章　奇妙科学：让孩子们探索世界的奥妙　/231

小学科学课程遵循学生身心发展的特点，引领学生亲近自然，通过丰富多样的科学课程及活动，激发探索与创造的热情，在探索过程中，找到自己的闪光点与价值，树立科学观，同时注重在实践中培养科学素养与思维能力。在实践中，运用发展思维看待和研究科学与自然，提升分析与解决问题能力。

第一节　课程体系创新　激活奇妙科学　/232
第二节　研读科学课标　挖掘学科内涵　/233
第三节　提升科学素养　明确学科目标　/235
第四节　多维资源整合　助推学科建设　/237

后记　/241

前言　面向每一个的课程

每一个孩子都是与众不同的,学校需关注的是每一个孩子个体的自身发展,发掘每一个孩子的闪光点,把每一个孩子当作最重要的人来培养,促进孩子健康、快乐地成长。结合"个性化教育"的办学特色,深化"享受教育"办学理念,学校提出建设V-I-P课程体系。V-I-P课程包括V-课程,即Variety课程,是部分学习者参加的课程,针对学生不同兴趣爱好而设立,包括国家课程的校本化实施,拓展类、探究类校本课程,各种兴趣小组和学生社团;P-课程,即Primary课程,是所有学习者都参加的课程,主要指基础课程;I-课程,即I-program课程,针对特定学习者提供,是根据学习者的特殊性,由家、校、生共同协商制定的点对点课程——这是学校课程开发的创新性、实验性举措。仅从字面上理解,V-I-P课程是学校"把每一个学生当作最重要的人去培养"教育理念的具体阐释,从课程整体推进上看,"让每一个孩子获得VIP的学习经历、让每一位教师在VIP课程建设中获得专业成长、让学校在课程变革中可持续发展"则是基于学校特色发展的V-I-P课程建设的主旨所在。

学生是学校的教育主体,学校的所有工作以学生和谐健康发展为本,离开了学生发展,课程建设就失去了存在的意义,学校亦脱离了办学的意义。我校学生六大核心素养,即——"关爱Care""交流Communicative""创造Creative""尊重Respect""责任Responsible""坚韧Resilience"(简称为"3C3R"),正是基于时代发展和国家人才培养提出的,力求关注每一个学生综合素质和个性能力的全面发展。"3C3R"核心素养的具体阐释为——

关爱(Care):学会同情、学会理解、学会服务、学会感恩。提出"关爱"这个核心词,是希望我们的学生能懂得关爱自己、关爱他人。学会同情,不仅是为需要帮助的人送上一份温暖,更要培养一种对弱势者的大爱之心;学会理解,换一种角度和立场看待问题,用一颗宽容的心对待生活中的人和事;学会服务,适应学习和生活中的角色转换,有为他人服务的意识,并努力做一些力所能及的事;学会感恩,满怀对生活的憧憬与感激之情,用回报的意识和实际的行动,感恩社会、家庭、学校,感恩父母、师长、朋友。关爱之心是一种品德,也是一种境界,更是一种态度。一个懂得关爱的人,能时刻感受到幸福和快乐。因为关爱别人其实就是关爱我们自己——以一己之力积极助他人成长,让周围的人感到温暖和快乐,自我也获得由衷的满足与喜悦,这才是关爱的本质。

交流(Communicative):善听、善言、善辨、善行。学校生活中,学生们是在集体中获得成长与发展。要融入集体,必须学会交流。提出"交流"这个核心词,主要包括四个方面:善听,要善于倾听,用心去聆听对方的倾诉,思考对方的真正的涵义,从倾诉者的角度理解问题;善言,是要学会表达,倾诉自己内心真实的想法,分享自己的独到见解;善辨,指的是明辨是非,孰是孰非,耳朵要聪、眼睛要明,既不固步自封,亦不随波逐流;最后,还要善行,沟通的过程仅是观点的碰撞、理论的分享,而真正的成长则在实践中获得,学会将交流中领悟的道理付诸实践中运用,学以致用。只有彼此间的相互分享与交流,才能实现沟通的目的。沟通就像一座桥梁,让怀有不同思想的人共同聚首,彼此坦诚相待、相互交流、相互信任,共同发展。

创造(Creative):好奇求知,善思善做。"创造"包括两个方面——好奇求知、善思善做。孩子的潜力是无限的,他们的想象力往往比成年人更丰富、更大胆,对周围的世界有强烈的好奇和探索的渴望。把握成长中的每一次机会,激发孩子的好奇心、培养孩子的求知欲;要善思,在拓展思维,尽情想象的同时,逐渐学会逻辑性、探究性的思考问题,敢于提出疑问。更重要的是,学会将"奇思妙想"付诸行动,用实践去检验思考的结果、用行动去实现创造力的突破。未来社会,更需要有创造力的人才。希望我们的学生能永远保持一颗好奇求知的心,勤于思考、敢于创新。

尊重(Respect):尊重自己、尊重他人、尊重一切事物。学会尊重自己,对自己的一言一行负责,对自己的梦想始终如一,坚定不移地为之努力。学会尊重他人,尊重他人是一种高尚的美德,是个人内在修养的外在表现,尊重他人,生活就会多一份和谐,多一份快乐。学会尊重生活中的一切事物,怀以敬畏之心,正确地对待自然中的每一个生命、欣赏珍惜每一处美景,对世界充满感恩和包容之心。

责任(Responsible)：对言行负责、对学习负责、对环境负责。培养学生的责任心，是道德品质的重要内容，也是让学生得以在社会成长和生活的必然要求。对自己的言行负责，敢于担当、实事求是、说到做到、吃苦耐劳；对自己的学习负责，以严谨的态度看待学习，面对困难认真努力；对周围的环境负责，环境是人生活的必备条件，也是人类发展的根基；从小养成爱护环境的意识，树立公民责任感，造福长久，意义深长；培养学生"做一个有责任心的人"，对自己负责、对他人负责、言行一致、好好学习、好好生活。

坚韧(Resilience)：有目标、有行动、能持久、能抗挫。无论多么优秀的孩子，成长过程中都少不了困难和逆境。克服困难的过程固然艰辛，但以此培养孩子坚韧的意志和勇敢的决心，以及坚持不懈、勇往直前地完成任务的能力，这些优秀的品质将为孩子以后的人生道路保驾护航；当一个孩子，能够以独立的姿态，以坚忍的毅力、持久的耐心、饱满的勇气，克服一切阻碍去实现既定目标，人生也必定获得宝贵的经验与成长！

基于学生核心素养进行Ｖ-Ｉ-Ｐ课程体系建设，意味着：首先，学生核心素养是我们的学生培养目标，学校办学、课程建设都是围绕着学生核心素养的培养这一中心指向；其次，课程是学校教育的核心因素之一，学校教育的目标、价值都要通过课程来体现，Ｖ-Ｉ-Ｐ课程建设正是体现了"以学习者为中心"的课程理念和"把每一个学生当作最重要的人去培养"的教育理念；第三，Ｖ-Ｉ-Ｐ课程的内容设置、实施办法、评价方式都强调关注学生发展、培养学生适应现代社会所需的能力，促进学生养成有利于自身发展与成长的核心素养。Ｖ-Ｉ-Ｐ课程，是学校将现有课程进行整合、充实和完善，在此基础上创建的围绕"学习者"这一主体的课程总框架；在这里，学习者成为学校课程建设的主要聚焦点，学校课程的建设致力于为每一位学习者提供VIP的学习经历。

我们将"每一个孩子都是最重要的人"的理念扎根于学校课程建设的实践之中，深化"一切为了学生和谐健康地发展"文化内涵，使Ｖ-Ｉ-Ｐ课程成为学校办学文化的具体体现，让课程成为学校办学的品牌，为学校的特色发展提供动力。

所谓和谐的发展，意味着学生要在学会做人的基础上学会学习，在全面合格的基础上发展个性特长;意味着教师专业与爱心的和谐,个人才智与团队精神的和谐,人人生活与教育事业的和谐;意味着学校尊重学生和教师,为学生和教师创造和谐而富有激情的环境,与社会和时代和谐发展。

所谓健康的发展,意味着学校要建设健康、进取的体制,通过市场创新、教育教学创新、服务创新和制度创新,追求高质量、高效率的持续增长,做中国民办现代学校的先行者,为国家培养未来的创新人才。

教育的温度来源于教育者内心的温度,来源于教育者内心的教育情怀。作为课程实施的老师应该带着一颗有温度的心去教书育人,像一缕阳光照亮学生的心灵,让孩子们在有温度的教育环境里健康地成长。学校是教师和学生共同发展、共同成长的所在,是教师和学生自己创造的充满生命活力的舞台,彼此尊重、理解、感恩,欣赏个性、分享快乐、收获幸福。教育是一棵树摇动另一棵树,一朵云推动另一朵云,一个灵魂唤醒另一个灵魂,是人与人的交流,更是心与心的交互。教与学的过程之所以令人难忘,是因为师与生的思维碰撞时时有暖流涌动,所以教育有生命,课程有温度。

上海市民办复旦万科实验学校　金　悦
2021年1月5日

第一章

暖语文：享受语文学习的快乐

有人说：语文不是语文书，语文是自己的精神家园。语文存在于生活的各个领域，是一门学习语言文字运用的综合性、实践性课程，它致力于提升学生的综合素养，为学生形成正确的世界观、人生观和价值观，为形成良好个性和健全人格打下基础。语文是有生命力的，是鲜活的，是有温度的，"暖语文"命题是可以成立的。

我校小学语文教研组现有教师32名,其中小学语文学科带头人1名、品牌教师3名、名师工作室成员1名。小学高级教师14名,占全组44%。小学语文教研组在学校办学理念的引领与推动下,积极开展主题研讨活动,鼓励教师参加市、区级各类教学评比与展示活动,表现出色,屡获佳绩;教师们还主动承担市、区、校等各级各类课题研究,论文或教学案例在市、区级论文评比中摘金夺银,好评如潮;在市、区级的绿色指标调研中,我校成绩名列前茅;在全国、上海市的语文学科竞赛中获奖等第和获奖人数屡创新高。我们集合全体语文教师的智慧,依据《教育部关于深化课程改革,落实立德树人根本任务的意见》《义务教育语文课程标准(2011年版)》等政策文件,不断推进和深化语文特色学科建设,并取得了可喜的成效。

第一节 充满活力的语文学科团队

我校小学语文学科长期发展稳定,学生语文学科学业成绩稳居闵行区前列,受到家长和社会各界的广泛好评。全组致力于课改研究,以课程标准为依据,以提高全体师生的语文综合素养为核心,全面推进素质教育和新课程改革。在长期的教改实践中,我们树立了新型语文教育理念,实现语文教学模式和学生学习方式的变革,加强语文教师队伍建设,营造良好的语文教育教学环境,全面提高语文教学水平和质量。作为一支有活力的语文学科团队,具备五大优势:

一、研究主题集中明确

小学语文教研组的教研活动都是以"学有所得,研有所获"为指导思想,制定明确的教研计划,每学期围绕一、两个教研主题开展集中专项研究。与此同时,每学期我们会开展1—2次的市、区级研讨和多次校级研讨,受到市、区专家以及兄弟学校老师们的高度好评。

二、梯队建设成果显著

我组1名学科带头人和3名品牌教师引领语文教师团队，身先士卒，带领全组教师钻研教学，组织教学研究，不断更新教育教学理念。如积极开展语文《"暖记忆"课堂教学》的项目研究，深入开展针对学生学法的语文学习36计的研究，积累了丰富的促进学生学业质量提升的实践经验，并通过论文撰写、组织交流学习等形式促进和提升语文教学理论；开展关于部编教材的主题研究，通过课堂教学以及和电子书包结合的研究，解读教材编写意图，研究课堂教学方法，努力提高课堂效率。我组还有大批的骨干教师，其中一名是景洪春名师工作室的成员，她们师德高尚、业务精良，具有丰富的教学经验、先进的教学理念、独特的教学风格，掌握一定的现代信息技术教育手段、拥有深厚的教育理论功底。她们勤于学习、善于思考、勇于创新、敢于实践，是先进教学理念的承接者、实践者，更是课堂教学改革的示范者。

三、年轻教师优速成长

语文组有一批教学理念先进、个人素养极佳、探究能力极强的年轻教师，她们虚心向有经验的老师学习，有活力、有创新，敢于大胆尝试，能够自主开展教学研究与经验积累并乐在其中。无论是课题申报、主题教研展示还是论文撰写都积极参与，并且收获颇丰，有效促进了教师专业能力的快速提升。

四、队伍管理高能高效

语文组虽然教师众多，但因为管理脉络分明，职责到位，任务完成一直高能高效。语文教研组长、各年级备课组长、语文教师通力协作，权责分明，指令上通下达。语文教研组拥有一支认真负责、经验丰富的备课组长队伍，全组以年级备课组为单位，实行备课组长负责制，各备课组管理制度清晰明确并富有年级特色，通过这种"化零为整"的方式，有效提升了团队合作能力，提高了教师工作效率。

五、教学资源共享共升

小学语文教研组教研气氛浓郁，依照语文教材的编写意图，适度拓宽、加深语文学习和运用的领域，并能根据学习需要整合学科资源，挖掘生活中的现有资源，开阔学生视野，提高学习效率。各备课组高质量组织集体备课活动，群策群力，统一教法和学法，并经常性开展听课、评课交流，共同提升。老师们努力把现代化信息技术手段应用于教学中，不断研究电子白板等工具辅助课堂教学，进一步提高课堂效率。大家重视教学教研资料的收集和整理，建立内容充实、种类齐全的学科教学优质资源库，教研组资源丰富，拥有优秀教案集、优秀课件集、小试卷集、习题集和同步作文集等，并于每个学期结束定期进行资源库的更新、整理与共享，为每位教师的优质课堂提供资源保障，满足学科教师的教学需要。在学习、整理与共享的过程中提升每位教师的业务素养。评价机制不断完善，突出语文课程评价的整体性和综合性，基于语文课程标准的评价，从知识与能力、过程与方法、情感态度与价值观几方面进行评价，同时注重评价的科学性、多元性、引领性和有效性，全面考查学生的语文综合素养。

当然，语文的课堂教学品质的提升任重而道远，语文特色课程的完善还有诸多工作要做。

第二节　语文富有生命的暖色调

《义务教育语文课程标准（2011年版）》中指出："语文课程是一门学习语言文字运

用的综合性、实践性课程……工具性与人文性的统一,是语文课程的基本特点。"①语文作为交流的工具,是生命构成的一部分,因此,我们认为语文是充满着生命的暖色调的。

一、学科性质观和价值观

《义务教育语文课程标准(2011年版)》中明确指出:义务教育阶段的语文课程,应使学生初步学会运用祖国语言文字进行交流沟通,吸收古今中外优秀文化,提高思想文化修养,促进自身精神成长。② 语言文字是人类最重要的交际工具和信息载体,是人类文化的重要组成部分。语言文字的运用,包括生活、工作和学习中的听说读写活动以及文学活动,存在于人类生活的各个领域。语文学科性质观决定了语文必须是鲜活的,是暖的。

语文课程是一门学习语言文字运用的综合性、实践性课程,致力于培养学生的语言文字运用能力,提升学生的综合素养,为学好其他课程打下基础;为学生形成正确的世界观、人生观、价值观,形成良好个性和健全人格打下基础;为学生的全面发展和终身发展打下基础。语文学科价值观决定了语文必须是有生命的、成长的,也是暖的。

语文课程对继承和弘扬中华民族优秀文化传统和革命传统,增强民族文化认同感,增强民族凝聚力和创造力,具有不可替代的优势。为学生播下热爱母语的种子是语文课程的核心价值,也是每位语文教师的责任与情怀。因此,我们的学科建设愿景是教师和学生在教与学的过程中、在自身素养提升中真切享受到快乐。

二、学科核心理念

语文充满着生命的暖色调,因此我们提出的学科的核心理念是"暖语文",即在语

---

① 中华人民共和国教育部. 义务教育语文课程标准(2011年版)[M]. 北京:北京师范大学出版社,2012:2.
② 中华人民共和国教育部. 义务教育语文课程标准(2011年版)[M]. 北京:北京师范大学出版社,2012:2.

文的教与学中享受快乐。当语文学习仅仅局限于书本世界和符号世界时,学生的"冷记忆"就被激活,这个世界以一种冷冰冰的形式和姿态印刻在学生的头脑里;当语文与学生的现实生活关联起来时,学生的"暖记忆"则被激活,此时,这个世界就会以一种生动活泼的形式和姿态镌刻在学生的心中,这就是"暖语文"。

暖语文,是鲜活的,是有温度的,它以学生为本,由兴趣和已知出发,激发储存在他们内心的能量,营造轻松、有趣、和谐的学习氛围,促学生乐学,教师乐教,把语文学习当成一种享受。

暖语文,将学习与生活进行有力的联结,以学生已有的生活经历和经验为基础,让学生在生活中观察、发现、思考、感受情感与发表自己的观点,逐步提升他们对语文的自觉理解,从而实现自觉成长。

暖语文,是师生沟通生活情感的平台,是师生对话与交流的平台,教师关注到每位学生。教师对学生的真诚关爱,唤起学生对祖国语言文字的热爱及对中华优秀传统文化传承的热情。

暖语文,是师生共同的提升和成长,教师踏踏实实追求细节的课堂,循序而进的教学过程,使学生扎扎实实掌握方法学习语文,开拓视野,全方位提升学生运用语言文字的学科能力和综合素养。

总之,暖语文,是植根于生命个体成长和教育规律的语文,以务实求真诠释语文教育的真谛,让语文学习自然、真实地发生。

第三节 彰显语文学习的暖姿态

《义务教育语文课程标准(2011年版)》指出,语文课程致力于培养学生的语言文字运用能力,提升学生的综合素养,为学好其他课程打下基础;为学生形成正确的世界观、人生观、价值观,形成良好个性和健全人格打下基础;为学生的全面发展和终身发展打下基础。① 从"语文素养"这一核心概念出发,我们小学语文教研组将语文课程目标体系分为课程基础目标和特色目标。

一、学科课程建设目标

以国家课程为基础,构建暖课程体系,基于课程标准,基于学生实际,基于时代发展需要,准确把握语文学科的内涵和外延,初步形成并完善了小学语文单元课程体系,开发为学生智慧导航的丰富多样的语文Ⅴ课程以及丰富学生语文学习的课程资源;探索语文校本课程的开发和管理经验,探索语文课程发展的机制,研究和开发具有符合学校、学生实际与发展需要的语文探究型课程和语文拓展型课程;借助学科基地建设,加强语文课程改革与研究力度,以课堂改进为重点,保持小学语文学科教学质量。通过学习习惯的养成教育,教师教法和学生学法的渗透,争取全面提高学生语文素养。

二、学科教学改革目标

学校教学质量的提高,关键在教师教学理念、教学能力、教学水平的提高。小学语文教研组建设的总体目标就是要打造一支高水平的专业化发展的师资队伍。通过建设优势学科,搭建学科教师专业发展的平台,提升教师驾驭课堂教学、实践课改的能力,培养学科骨干群体,形成学校的学科优势,努力提升学科业务水平,提高教学质量。根据新课程改革的要求以及我校语文教育的实际情况,我们将在课程实施、资源建设、学业评价、教师专业发展等方面制定发展目标,更新理念,追求卓越,形成暖课堂模式。

三、学科团队建设目标

注重暖团队建设,实现每位教师的"暖行动"。我们教师团队建设总体目标为:拥

---

① 中华人民共和国教育部. 义务教育语文课程标准(2011年版)[M]. 北京:北京师范大学出版社,2012:1.

有良好的师德和对语文教育的热爱之心,能不断提高自身的职业道德,成为广大学生的良师益友;有较好的文学修养和文化底蕴,有较丰富的学识;有扎实的语文专业功底,全体教师都必须具备本科及以上学历;有较强的实施语文素质教育的能力,教师有良好的语文专业素养和学科技能;有较强的教研科研的能力,能参与课题研究。

同时,我们把教师的发展目标定为自觉享受教学的过程,善于反思,积累经验,不断学习和探索与教学有关的教学方法,教学上有自己的主张,形成自己的风格,获得学生和家长的肯定与欢迎,更加努力地提高自己的业务水平,自信地投入到每天的工作中。

按照规划,通过我们的努力,全组语文教师能在胜任学科教学和丰富实践的基础上,初步提出自己的教学主张,不断探索适应学生发展的高效教学方式和学习方式;骨干教师能形成自己的教学风格,尝试进行教学建模,引领全组进行教学改革实验;教研组形成了梯队发展、系统研究的氛围。

四、学科学习质量目标

通过暖学习策略的实施全面提高教学质量。语文学科教学质量继续名列前茅,四五年级质量监控以及绿色指标检测力争区前六名。全体学生整体语文素养达到良好水平,让有特长的学生得以个性发展,在各级各类比赛中取得一定的成绩。帮助学生掌握语文快乐学习36计,语文有效学习36计,指导学生掌握汉字、学会朗读、个性阅读、真情写作、规范书写等语文基本素养,提高语文能力,享受学习的过程与成果。

第四节 搭建语文教与学的桥梁

《义务教育语文课程标准(2011年版)》指出:"语文课程应该是开放而富有创新活

力的。要尽可能满足不同地区、不同学校、不同学生的需求,确立适应时代需要的课程目标,开发与之相适应的课程资源,形成相对稳定而又灵活的实施机制,不断地自我调节、更新发展。"①由此,我们结合我校学生的特点,从学生的角度出发,主要从建构"暖课堂"、设计"暖课程"、推行"暖学习"、开展"暖活动"、挖掘"暖资源"、建设"暖团队"等几个方面推进小学语文学科的建设,进而实现语文教与学的"暖连接"。

一、建构"暖课堂",推进语文教学深度转型

结合"暖语文"的课程理念,小学语文课堂教学文化致力于创设温馨活泼、智趣合一的"暖课堂",更多关注到学科核心素养,体现出"温暖有趣"的特征,进一步明确学校课堂教学改革的方向。

"暖课堂"是指在课堂教学过程中,教师和学生都能够在感受语言文字的魅力中,获取温暖快乐的人生体验,让课堂充满温馨,让美好的学习经历充盈学生的心田。

(一)"暖课堂"的特点

1. 课堂有温馨度。"暖课堂"是师生之间有愉快的情感沟通与智慧交流的课堂。老师用爱心感染学生,时刻以学生为本,由文本教材到社会生活,层层升温,使语文学习自然发生,学生沐浴在温暖的课堂中,既能感受到语言文字的温度,又能学到真真切切的语文知识。师生之间建立良好的合作关系。

2. 课堂有参与度。学生在"暖课堂"中能做到全员参与,而不是个别优秀学生的参与;全程参与而不是暂时的参与;有效参与而不是形式主义的参与。

3. 课堂有练习度。"暖课堂"强调:学生在课堂上动情、动脑、动手、动口,通过观察、模仿、体验、练习,在交流互动中学习,在实际操练中熟练,在亲自尝试中感悟,实现对文本的深度理解的过程中,拓展思维空间、理解能力和迁移能力,不断提升学生的语文素养。

---

① 中华人民共和国教育部. 义务教育语文课程标准(2011年版)[M]. 北京:北京师范大学出版社,2012:4.

4. 课堂有延展度。"暖课堂"加强学科的横向整合、新旧知识的纵向联系,并在此基础上向广度与深度展开,从课堂教学向社会生活迁延,为学生的进一步探究留下空间。

(二)"暖课堂"的评价标准

小学语文教研组用多种方式评价课堂实效,每学年评选出校级示范课、优质课,并发放证书。具体评价量表。(见表1-1)

表1-1 上海市民办复旦万科实验学校"暖课堂"评价标准

项目		评价标准	权重	得分
课堂参与度	教师	教师鼓励学生主动学习、善于学习,养成好的学习习惯。	10	
		指导学生在课堂上自主形成合作小组,对知识点进行学习和探索,统一认识的行为。		
		创造条件使学生经常体验到创造的乐趣,能自主研究、质疑问难,形成独特的见解。		
	学生	学生在学习过程中,90%以上的学生积极举手、踊跃发言,做到眼到、手到、口到,认真参与课堂。	20	
		全身心地投入、发现问题,提出问题,积极解决问题,敢于质疑、善于合作、主动探究并有实效,围绕某一问题彼此间能交流、讨论、倾听,提出有效建议。		
		学生在语文学习活动中获得成功的体验,建立自信心。		
课堂温馨度	教师	教师自身有亲和力,创设愉悦的学习氛围,让学生在课堂上乐于参与,有参与的激情和动力。形成平等对话、互动交流的课堂氛围。	10	
		关注每一个学生,注意保护学习有困难的学生,努力调动其积极性,并给予积极而善意的帮助。		
		设置难易程度不同的题目,进行分层作业,让学生有自信参与学习、参与课堂。		
	学生	得到老师的关注和认可,形成自我表达的欲望。	15	
		让学生在自尊、自信、自强的氛围中自主学习。		
		享受课堂学习的快乐,在快乐学习中进行学习活动。		

续表

项目		评价标准	权重	得分
课堂练习度	教师	教师结合课文内容,设计各种丰富多彩且具有针对性的课堂小练习,让学生在参与的过程中得到锻炼和提高。	10	
		结合课内教材、提供相应的文学知识和课外阅读材料,拓展知识面,扩展视野,在无形中得到思维、想象力的提高,做到课内课外有机结合。		
		在练习中重视书本中的"说写双通道"等练习题,联系生活实际,让学生有感而发,有情可抒。		
	学生	有的放矢,根据老师的指导方法,参与课堂练习。	15	
		60%的学生根据教师指导完成难题,30%的学生能自主完成较难的题目,10%的学生能在老师或学生的帮助下参与后自主完成题目。		
		以听说读写实践为主,学生读书、交流和动笔的时间充分。		
课堂延展度	教师	深入开掘出教材中潜在的魅力与价值,将课堂上的知识点灵活设计到生活中的方方面面,让学生在实践中得到感悟和提升。	10	
		激发学生的学习积极性,和对课外知识点的探究能力。		
		课堂结构合理,知识的教学、技能的训练、能力的培养处理得当,符合教材内容要求,重在把知识转化为能力。		
		教师能让学生产生想继续学习,深入学习的欲望。		
	学生	能将所学知识与生活实际联系起来,能将知识点放在生活实际中,总结出自己的经验、方法和心得,为今后的学习奠定基础。	10	
		让学生通过课堂学习,领悟到汉语学习的趣味性,感受中西文化差异,感受中国语言文字的魅力,激发对中国文化的热爱,将中国文化延展到更大的区域。		
		融会贯通各种知识点,恰到好处地运用知识点。学生在不同内容和方法的相互交融、渗透和整合中开阔视野。		

二、 设计"暖课程",搭建有特色的语文课程体系

依托国家课程,"暖课程"准确把握语文学科的内涵和外延,在基于课程标准,基于小学生实际,基于时代发展需要的基础上,开发小学语文拓展类课程,旨在通过学科课程体系的梳理与整合,优化已有的课程设置,建构小学语文品质课程群,形成课程积淀与有形成果,促进小学生语文素养的全面提高。

(一)"暖课程"的实施

1. 聚焦育人目标。语文课程是一门学习语言文字运用的综合性、实践性课程,培养以听、说、读、写能力为核心的语文素养是语文课程的前提。面对时代和社会的挑战,语文课程要在培养学生继承优秀传统文化的基础上,着力把学生培养成面向现代化、面向未来的公民。"暖语文"课程群以满足学生终身发展的需要为目标,强化了"听、说、读、写"四大核心能力,依据课程对育人目标的支持程度,努力构建开放的、满足学生发展需求的课程体系。

2. 构建课程链条。"暖课程"以国家基础类课程为主线,把握课程育人目标,对小学语文课程的教学内容进行再度开放,根据小学语文学科师资力量,倡导小学教师在国家课程校本化实施的基础上总结经验,以语文学科为原点,设计语文拓展类学科,围绕"暖写字""暖阅读""暖口语""暖习作"进行设计。每门课程包括课程名称、课程目标、课程主要内容、课程实施和课程评价。教师根据学科内容,编制学科课程方案。教师借助语文学科拓展资源,凭借语文学科教学经验自行编制学科方案。"暖课程"对教学内容进行人本化处理,最大限度地考虑到每个年段学生的特点,找到学生的最近发展区,开发与学科课程衔接度高的课程内容,使其能最大化辐射到整个小学年段,真正形成一个环环相扣、梯度渐进、丰富多样的语文课程链条。

3. 优化资源整合。"暖语文"整合现有语文课程资源,将语文教材、作业、校本课程等进行重新梳理,厘清关系、融合资源,同时开发语文 V 课程,在常规语文课堂进行

嵌入式、统整式实施,使语文课程更加科学有效,更好地为学生的语文学习服务。

4. 夯实教学准备。教师依据学情,编制学科课程纲要,将每一门课程的教学内容和教学进度进行整体安排,同时根据课程纲要的整体设计,进行课程方案的撰写。课程方案包括每一课时的学习目标、重点与难点、活动流程及活动评价。教师依据活动方案开展学科教学。

5. 规范课程教学。严格按照课程纲要的预设组织学科教学,教学形式包含 40 分钟课堂教学、5—10 分钟微课程教学、课下活动教学、同一时间内的竞赛教学等。教学方式丰富多样,尽可能拓展学习场域。

6. 完善教学评价。"暖课程"重视学生的学业评价。学业评价兼顾过程和结果,评价方式丰富多样,如竞赛评价、证书评价、展示评价、汇报评价等。建立学科评价标准,保证每一位学生都有学业评价报告。

(二)"暖课程"的评价要求

课程群建设通过建立评估体系来保障其有效实施,"暖课程"的评价具有以下几项标准——

1. 课程哲学内涵深刻。学科课程哲学指向清晰,体现学校的办学理念,并具有其学科特色,内涵深刻。

2. 课程目标指向清晰。学科课程群目标指向依据学科课程标准及学校育人目标,基于学校实际而定,目标定位高于学科课程标准。

3. 课程内容丰富多维。学科课程群除规定的国家课程之外,拓展类课程丰富多彩,以学生需求为主,为学生的全面发展搭建平台。

4. 课程实施科学高效。课程实施方法得当,措施有力,充分体现学生的主体地位,有利于学生兴趣的激发。教师教学效率高,教学效果好。

5. 课程评价规范全面。课程评价做到多元、全面。结合过程性评价和终结性评价,发挥评价的诊断和激励功能,对学生学习情况进行整体评价。

三、推行"暖学习",全面提升学习质量

"暖学习"就是把教学活动与学生的现实生活勾连起来,学生的"暖记忆"被激活,此时,这个世界就会以一种生动活泼的形式和姿态镌刻在学生的心中。教学活动打通了书本世界与生活世界之间的界限,把书本知识与学生的现实生活密切联系起来,学生利用"暖记忆"进行有效的学习。

(一)"暖学习"实施

1. 学生学习36计的实践和运用。授生以"鱼",不如授生以"渔",转变教学观念,变"他主"为"自主",促使学习效果最优化,切实把学习的主动权还给学生,让学生真正成为学习的主人。教学的行为、评价、目的不应该只单纯地指向教师的教,更应该关注学生的学,学生学会了吗?会学了吗?因为教学的本身就是要让教与学紧密联系,不可分割。归根结底,要关注学生的学,想办法让学生学,并指导学生学会、会学。目前许多教师只一味地注重传授知识,把学生当容器,忽略学生的想法、学生的情感、学生的差异、学生的学法。要改变这种现状,只有改变我们传统的教育方法,关注学生,研究学生,特别是研究学生的学习方法。随着信息化、网络化时代的到来,教师其实也不可能教完所有的知识,而处在终身学习社会的学生如果要在今后有所作为,就必须学会思考,学会学习。教研组将语文学习36计的研究成果,结合语文课堂教学以及丰富多彩的语文学科活动落实下去,加强对学生的学法指导,使学生的学习落在实处,真正做到增效减负。

2. 完善学业评价制度与质量监控手段。为了进一步提高我校小学语文教学质量,提升学生的语文综合素养,要继续完善学业评价制度,改进质量监控手段。对语文教学质量,教研组将进一步完善监控手段,期末进行联合统一命题检测,并及时进行质量分析,明确教学导向,提出教学改进建议,促进教学质量的不断提高。

(二)"暖学习"评价

"暖学习"以学生的认知水平为基础,遵循语言发展的客观规律;在学生真实自主合作探究中,自然搭建书本知识和实际生活之间的勾连,高效学习。(见表1-2、表1-3、表1-4)

表1-2 一年级语文评价活动观察量表

活动内容	评价等第				评价主体
	优秀	良好	合格	须努力	
一、打开拼音门	拼读音节正确、流利。	拼读音节正确、比较流利。	在老师的帮助下,能正确拼读音节。	在老师的帮助下,仍不能正确拼读音节。	老师评委 家长评委 学生考官
二、摘下词语果	朗读词语正确、流利。	朗读词语正确、比较流利。	在老师的帮助下,能正确朗读词语。	在老师的帮助下,仍不能正确朗读词语。	
三、穿过句子亭	朗读句子读音正确,不加字、不漏字,按标点停顿。	朗读句子读音正确,不加字、不漏字,基本能按标点停顿。	朗读句子读音正确,有1—2处加字或漏字。	在老师的帮助下,朗读句子仍有读音错误,有1—2处加字或漏字。	
四、登上古诗山	能熟练、有感情地背诵古诗。	能熟练背诵古诗。	在老师的帮助下,能完整背诵古诗。	在老师的帮助下,仍不能完整背诵古诗。	
五、走过说话桥	能根据图片内容,按照句式要求,把句子说清楚,句子完整连贯、生动有趣。	能根据图片内容,按照句式要求,把句子说清楚,句子比较完整连贯。	在老师的帮助下,能根据图片内容,按照句式要求,把句子说清楚,句子比较完整连贯。	在老师的帮助下,仍不能按句式要求看图说话,句子不完整。	

表1-3 二年级语文评价活动观察量表

活动内容	评价等第				评价主体
	三颗星（优秀）	两颗星（良好）	一颗星（合格）	没有星（须努力）	
一、送动物回家	1. 能够正确地给音节找到家。2. 能够正确拼读。3. 读音标准。	1. 能够正确地给音节找到家。2. 能够正确拼读。	能够正确地给音节找到家。	在老师的帮助下，仍不能正确拼读音节。	老师评委 家长评委 学生考官
二、词语小擂台	每类词语能独立说出三个。	每类词语能独立说出两个。	每类词语能独立说出一个。	在老师的帮助下，能说出一个。	
三、云儿来排队	独立完成正确的排列。	经过老师一次提醒能正确排列。	经过老师提醒两次完成正确的排列。	在老师的帮助下，仍然不能正确排列。	
四、记忆大冲关	正确流利背诵课文内容。	在背诵过程中出现1—2处错误。	在背诵过程中出现3—4处错误。	不能完成背诵。	
五、口才与表达	按照要求，能够通顺流利地围绕问题说出几句完整的话，表达生动。	按照要求，能够通顺流利地围绕问题说出几句完整的话。	能够按照问题提示，把话说完。	在老师的帮助下，仍不能按句式要求看图说话，句子不完整。	

表1-4 三—五年级语文评价活动观察量表

知识模块	题序	主要检测考点	考试水平				合计分值	总分值
			识记	理解	运用	综合		
基础积累	1	根据拼音写词语	√				4	32星
	2	字音、字形辨析	√				4	
	3	无语境近义词辨析		√		√	4	
	4	有语境近义词辨析	√	√	√	√	4	
	5	根据课文内容填空	√		√		9	
	6	写句练习	√	√	√	√	7	

续表

知识模块	题序	主要检测考点	识记	理解	运用	综合	合计分值	总分值
阅读一	1	从文中提取信息		✓	✓		3	20星
	2	从文中提取信息		✓	✓	✓	3	
	3	给文章作批注,并写出批注的类型		✓	✓	✓	3	
	4	根据所给句子写出自己脑海中的画面		✓	✓	✓	3	
	5	文章空白点补充		✓	✓	✓	4	
	6	归纳主要内容		✓	✓	✓	4	
阅读二	1	理解后提取信息	✓	✓	✓		3	15星
	2	理解后提取信息	✓	✓	✓		3	
	3	归纳	✓	✓	✓		3	
	4	提取主要信息	✓	✓	✓		3	
	5	根据文章的意思判断对错	✓	✓	✓	✓	3	
阅读三	1	根据所给提示选择正确的做法	✓	✓	✓		3	3星
写话	1	命题作文	✓	✓	✓	✓	30	30星
书写	1	规范整齐书写					5	5星

四、开展"暖活动",提高学生学习语文的兴趣

"暖活动"以学生的直接经验为主,学生通过亲自实践,主动发现和获取有关的知识,并使技能、能力、情感、意志等得到训练和培养。其主要价值在于让学生通过活动获得对现实世界的直接经验和真实体验,与学科课程相辅相成,提高学生学习语文的兴趣。

(一)"暖活动"实施

开展分年级主题竞赛活动,通过活动,搭建语文学习平台,丰富学生的语文学习体验,培养语文核心素养。

1. 识字大王活动。低年级每学期定期开展汉字认读比赛,并邀请获奖者谈谈记字的小窍门。

2. 小书法家活动。每年十二月组织小学部规范书写比赛。

一、二年级用铅笔书写五言古诗,三年级用铅笔书写七言古诗,四年级用钢笔书写七言古诗,五年级用钢笔书写经典美文,并邀请获奖者谈谈写好字的秘诀。

3. 故事大王活动。结合学校读书节,在一、二年级组织开展"故事大王"比赛。各班组织学生参加年级层面的展示活动。

4. 好书推荐活动。每学期以年级为单位开展好书推荐活动。每班派一名学生向全年级学生进行好书推荐,并向大家分享阅读体验等。

5. 国学经典诵读活动。每年十月组织小学部范围内的诵读国学经典活动,以班级为单位,所有班级参加,每班展示5—10分钟。

6. 书香少年活动。每月根据校本阅读体系课程的学习情况,推荐阅读优秀的学生。结合学校的德育校本体系的评价标准,开展"书香少年"评选活动。

7. C班中文周活动。每年十二月,结合学校读书节,开展汉语言文化节活动,进一步向国际学生弘扬汉语文化,构建和谐活跃的校园文化氛围。

(二)"暖活动"评价

"暖活动"评价运用发展性评价方式,依据每项活动方案中的目标,按照一定标准并运用一定的方法,对教学过程和教学结果进行价值判断,要求关注过程、尊重多元、注重反思。具体评价标准如下。(见表1-5)

表 1-5　上海市复旦万科小学语文学科"暖活动"评价表

评价项目	评价要点	权重	评价标准	得分
活动目标和内容	目标明确	5	在学校育人目标的引领下,与语文学科课程目标相对应。	
	切合实际	5	贴近生活,贴近学生,丰富学生直接经验。	
	内容丰富	5	来源生活,关注语用,进行信息引入、整合,运用多种知识。	
	内容实用	5	强调语用,容量适当,难易得当。	
活动方式方法	组织形式	5	符合学生心理的成长规律,运用活泼多样的组织形式。	
	活动方法	5	小组团队、讨论交流、展示观摩等多种方法结合,以体验参与活动为主。	
	指导方法	5	方法得当,指导适量。	
活动过程	活动要素	20	方案详实,组织得力,评价激励,具有安全性。	
	活动步骤	10	步骤详实,具有逻辑性,过程紧凑,张弛有度。	
活动效果	学生自主性	10	充分体现学生自主性,学生参与方案筹备、活动过程和活动评价等环节。	
	学生能动性	15	学生参与面广,积极参与活动。	
	学生创造性	10	活动方法多样,有相应的活动成果。	

五、挖掘"暖资源",做好语文教学资源的征集与利用

"暖资源"包括必不可少的人力资源,五彩缤纷的网络资源和独一无二的校本资源。寻找和利用有利的资源,最大限度地激发团队成员的斗志和合作意识,是实现团队和教师个人双赢的必要条件。

(一)"暖资源"实施

1. 随着课程改革的逐步推进,小学语文学科将进一步充实完善学科教学资源库,

实现资源共享,继续做好优秀试题、课件、教学设计、教学案例与反思的征集评选工作,实现资源共享;继续搜集整合语文资源库,不断更新资源库,搜集整理典型题目,编写复旦万科语文习题集;整理本组教师的公开课教案,建设教案库,争取编写语文组优秀教案集;收集本组教师制作的教学课件,建设语文精品课件库;分类收集各种音频、视频资源,充实学科资源库;分类收集相关教育教学理论文章,作为教师学习、研究、交流的理论资料库。重视文本资源的整合和利用,实现优势互补与资源共享,构建学科资源库的校本特色。

2. 学校图书资料都要在现有的基础上不断更新,从数量和质量上严格要求,以适应学生语文学习的需要。学校在图书馆的藏书结构、服务时间、服务方式和使用效率上,还需要进行调整,并不断加以完善。

3. 加强校园文化资源建设,让校园的每一条走廊、每一块草坪、每个角落、每一方橱窗都洋溢着浓浓的文墨书香,让喜爱阅读的孩子处处都能找到自己的精神家园。

4. 筹建校园网语文学科板块,整合信息技术与语文教学内容。研究利用语文学科专题学习网站,促进教与学的新模式和方法,使教师和学生在利用学科专题网站进行的语文学习活动中有时间、有指导、有反馈、有效果、有评价。探索利用学科网站学习过程中师生新型关系的建立形式,努力营造探究、合作、交流和分享的氛围。研究师生投稿情况,日常使用情况,师生交互情况等。

(二)"暖资源"评价

小学语文组的"暖资源"顺应教学的改革,契合统编教材的编写理念,以时代性和前瞻性作为两个重要的评价依据。每学期定期开展优秀学案、优秀课件的评选活动。依据评价标准量化打分,学案、试卷前五名和课件前三名认定为优秀资源。具体评价标准如下。(见表1-6)

表1-6 小学语文"暖资源"评价表

年级：_____　单元类型：_____　单元语文素养：_____

星级评价\\指标\\板块		文本选择	单元目标	难易程度	题干设计	星数权重	字号格式	无错误	创新之处
基础积累		☆☆	☆☆☆	☆☆☆	☆☆☆	☆☆☆	☆☆	☆☆☆	☆☆☆☆
阅读理解	语段一	☆☆☆	☆☆☆	☆☆☆	☆☆☆	☆☆☆	☆☆	☆☆☆	
	语段二	☆☆☆	☆☆☆	☆☆☆	☆☆☆	☆☆☆	☆☆	☆☆☆	
	语段三	☆☆☆	☆☆☆	☆☆☆	☆☆☆	☆☆☆	☆☆	☆☆☆	
习作		☆☆☆	☆☆☆	☆☆☆	☆☆☆	☆☆☆	☆☆	☆☆☆	

总得星数：_____★ + _____★

六、建设"暖团队"，让每个教师享受教育的幸福

"暖团队"是教师专业成长的沃土，传承教学研究的精髓，激发教师的生命潜能。团队成员间有共同的目标、愿景和责任共担意识，并在此基础上形成坦诚、互信的心理联结。"暖团队"关注师生的生存状态，把提高学校生活质量作为核心价值取向。对内能相互尊重、合作互助、共同成长；对外能接纳开放、接受批判、从善如流。

（一）"暖团队"实施

1. 结合语文学科基地建设，逐级建立基地语文学科中心教研组。为了培养各兄弟学校语文学科带头人，发挥他们的研究与引领作用，建立小学语文学科基地中心教研组，通过集中培训、研究交流、活动锻炼等形式提升中心教研组成员的研究组织能力和教学实践能力。建立小学语文学科基地中心教研组，由基地各校输送两名成员共同参与。

2. 定期开展教材研究培训与总结交流，加强课堂教学的优化与引领。每学期，组织形式多样的课改教材教法研究培训活动，提升教师解读课程标准与教材的能力和课堂实践能力，推进课程改革的顺利开展。每学期，开展不同年级的课改座谈会，通过研

讨与交流,解决教师在课改实践中遇到的问题与困惑,提升教师的课改实践能力。为了优化语文课堂结构,提高课堂教学的实效,教研组将进一步推广完善三种课型的语文教学模式。通过观摩示范课、问题研讨课、优质公开课等不同的形式进行课堂引领,促进语文课堂教学质量的不断提高。

3. 专家引领,提升教师教育科研能力。聘请市、区语文教学领军人物,随班听课,与骨干教师结对指导。组织公开教学,请专家评课,作专题报告,具体指导课题研究,为年轻教师做"专家型"的榜样,指明年轻教师的奋斗方向,提高教师整体素质。引导教师逐步走教育科研之路,结合自己的语文教学实践,进行深入细致的研究,探索语文教育教学的方法与规律。学校搭建平台,通过指导与实践、反思并举,促进教师论文能在各大教学论文评比中获奖。

(二)"暖团队"评价

"暖团队"评价运用发展性评价方式,依据学校教研组评价方案,按照一定标准并运用一定的方法,对小学语文组的主题教研活动、教学质量、教学科研等进行价值判断,要求注重过程、尊重多元、注意反思。具体评价标准如下。(见表1-7)

表1-7 小学语文教研组"暖团队"各项工作评价表

项目	内容	权重	得分	备注
提高教学质量 (60分)	备课组活动及实效	10		
	教法研究及应用	10		
	轻负高效,提高教学效率	10		
	教会学法、培养能力及效果	9		
	重视阶段练习研究及效果	7		
	运用多媒体教学手段及效果	7		
	开展学科活动及效果	7		

续表

项目	内容	权重	得分	备注
教学科研 (30分)	学习教育教学理论	8		
	教学科研及成果(含小课题研究)	8		
	示范性、实验性作用的发挥	6		
	运用科研成果改进教学	6		
自身建设 (40分)	发挥教学骨干的作用	6		
	培养青年教师	6		
	教学基本功和研讨课评比常态化	6		
	个人进修及教研气氛(含团队协作)	6		
	重视经验总结	6		
	资料建设及管理	10		
特色(20分)	现代教学意识与措施	10		
	特色项目,请写出相关内容	10		

总之,小学语文学科的核心价值追求是:在语文教学中,留下温暖的记忆,实现师生共同的生命成长。基于此,教师们确定的发展目标是:不断学习教育理论和语文教学专业素养;不断反思教学实践,提高教育教学质量;不断关注学生的生命发展,提升学生的生命价值。

(撰稿者:邓孜畅　刘婷婷)

第二章

智慧数学：让思维更加灵活

数学是一种智慧，数学中蕴藏着一种至简至和的智慧，一种至真至通的智慧，一种创造探索的智慧。教材、教师、学生是课堂教学的三要素，通过三位一体的高度规划和设计，我们基于教材整合，教法优化，学法创新，提出了"智慧数学"的学科理念。"智慧数学"是数学课程的理念凝练，是智慧生长的实践载体。

小学数学教研组现有教师16人,其中小学高级教师9人,一级教师7人,学历均为本科。基于课程标准,数学课程致力于实现义务教育阶段的培养目标,要面向全体学生,适应学生个性发展的需要,使人人都获得良好的数学教育,不同的学生在数学上得到不同的发展。我们小学数学学科教研组推进"智慧数学"特色学科建设,发挥数学组每一位老师的积极性和创造力,提升教师专业素养,激发学生学习兴趣,培养学生数学智能,建立目标多元、方法多样的评价体系,重视学生在数学活动中表现出来的情感与态度,为学生多元个性的发展提供平台,为提高学生数学素养的创设空间,经过不懈努力取得了较好的效果。

第一节 充满朝气的数学团队

数学是人类文化的重要组成部分,数学素养是现代社会每一个公民应该具备的基本素养,其学科的重要性不言而喻。当下,学生获取知识主要是通过学校教育,这样的方式给教师个人与团队提出了高标准、严要求,作为教师自身的素质一定要经得起考验,源于此成于此,数学团队是一个身经百战的团队,各种评比、各式研讨、各类赛课成果丰硕,原因可总结为一句话:心往一处想,劲往一处使,和谐共生,充满朝气。

一、爱岗敬业的教师团队

小学数学教研组是由一群充满朝气、有默契、团结向上的教师组成的,每位教师都热爱教育事业,工作认真负责。大部分数学教师承担三个班(每班28人)教学任务,而且部分教师还兼任班主任工作,他们积极参加教研组、项目组等活动,不断提高自身教学业务水平,教学成绩始终位于区前列,多次获得"校优秀教研组"的称号。

二、学科带头人、品牌教师的引领

在学科带头人、品牌教师的引领下,全组教师大力开展教学研究,不断更新教学理念。他们积极开展"数学快乐学习36计""电子书包在数学课上的应用"等课堂教学研究,探讨"暖记忆课堂教学评价""数学学分银行评价"的有效课堂教学的模式。通过开展公开课点评、论文撰写、论文交流等形式促进全组教师教学能力的提高。数学组每学期都有老师参加区级公开教学,在市级、全国目标教学中屡获佳绩。

三、好学上进的年轻教师

我们组年青的教师比较多,他们汲取新知识能力强,又肯钻研,爱学习。勇于向有经验教师讨教学习,善于拓展学习渠道,在网络中学,在实践中学。尽管教学任务繁重,还积极参与校级、区级和市级等课题的研究,进一步增强教科研的能力。在2019年"名爵杯"教学评比——小学数学学科主题项目式学习方案中,我组推出的"复旦万科2号楼外立面粉刷工程招标原材料底价预估——基于真实情境的活动设计"教学方案脱颖而出,被区教研员推荐到市里,最终此课获得上海市一等奖。

四、和谐的教研气氛

我们组的每一位教师都有良好的教学素养,在每次教研活动中,大家都会踊跃发言,碰撞出许多金点子,研讨氛围浓厚。我们每学期都会组织主题式听、评课教学研讨活动,还会邀请区教研员进行教法、学法指导,为青年教师快速搭建了良好的平台,也切实提高了全组教师的教学能力。

第二节　数学富含智慧的基因

《义务教育数学课程标准(2011年版)》指出:"数学教育既要使学生掌握现代生活和学习中所需要的数学知识与技能,更要发挥数学在培养人的思维能力和创新能力方面的不可替代的作用。"[1]基于此,我们厘清了数学学科教学的主旨并达成学科主旨共识:知识只是一种载体,学习的过程不只是知识的习得,更重要的是知识构建的过程和能力,启迪智慧、培养能力、提升学科素养。

一、学科性质观与价值观

《义务教育数学课程标准(2011年版)》指出:"数学课程是培养公民素质的基础课程,具有基础性、普及性和发展性。小学数学课程能使学生掌握必备的基础知识和基本技能,培养学生的抽象思维和推理能力;培养学生的创新意识和实践能力;促进学生在情感、态度与价值观等方面的发展。"[2]

小学数学教学就是通过打开学生的发散性思维,同时又要回归严谨的推理这一性质观来实现其价值观。我校小学数学教研组以提高学生思维能力为本,以有效激发学生学习兴趣为指导思想,确立了"智慧数学"的学科理念,让学生真正成为学习的主人,让每个孩子喜欢上数学课,并且数学学习能力都有不同程度的提高。

---

[1] 中华人民共和国教育部. 义务教育数学课程标准(2011年版)[M]. 北京:北京师范大学出版社,2012:1.
[2] 中华人民共和国教育部. 义务教育数学课程标准(2011年版)[M]. 北京:北京师范大学出版社,2012:1—2.

二、学科核心理念

全组教师更加关注个人的发展,自觉主动参与课程创造和课程实践,并在这一过程中提高自身课程开发与课程实施能力,实现专业成长,促进学生个性的发展和数学素养的提高。以"玩转数学,启迪智慧"为核心理念,创建"智慧数学"的数学学科特色,作为"智慧数学"的化身必须具备以下特征:

(一) 智慧数学重迁移

所谓迁移教学就是把学过的旧知识迁移到新知识的教学环境中来,让学生掌握更新、更多、更广的知识。迁移教学便于学生知识的掌握与积累,更符合小学生的思维认识规律。教学中的迁移具备一定的目的性,所以迁移要能够找到已有知识、生活经验、故事情节等与新知识之间的相同点、相似点、关联点,在迁移教学中做到:放大正迁移、缩小负迁移。数学学习因迁移变得更加简单。

(二) 智慧数学重交流

有一位教育家说过,"一个真正的发言者必须是一个真正的倾听者"。在课堂教学中,教师和学生之间、学生和学生之间,只有仔细倾听对方话语中的深层含义,走进数学的思维世界,去灵活地调整自己的思路,才能与数学产生心灵的共鸣,让数学学习有效、轻松起来。说数学是指个体用口头表达自己对数学问题的具体认识、理解,解决数学问题的思路、思想和方法以及数学学习的情感体会等数学学习活动。"说数学"有利于学生口头表达能力的提高,有利于培养学生的逻辑思维能力,有利于学生表达解决问题的思考过程,有利于优化课堂气氛,激发学生学习积极性,提高课堂教学效果,让数学学习成为快乐的事。与此同时,数学课堂的有效教学更应注重倾听,要提高教学的有效性,老师和学生都必须养成倾听的习惯。

(三) 智慧数学重体验

常说"教学,是老师教,学生学",但老师的"教"绝不是"照本宣科",不是简单的知识点灌输,应该是教会学生如何学,是引导的作用,教师是主导者;学生的"学"也不是简单的记忆,更应该是在理解的基础上形成学习的技能,学生才是课堂中学习的主体。运用体验式学习数学有利于激发学生学习兴趣、培养学生探究能力,充分体现学习中教师的主导作用和学生的主体地位。

第三节　多角度定位智慧目标

《义务教育数学课程标准(2011年版)》指出:"数学课程应致力于实现义务教育阶段的培养目标,要面向全体学生,适应学生个性发展的需要,使得:人人都能获得良好的数学教育,不同的人在数学上得到不同的发展。"[1]基于此,数学组全体教师,以"智慧数学"主题,挖掘和丰富学科内涵,深入推进课堂教学改革,优化团队建设,立足学生本能,提出了"把每一个学生当作最重要的人来培养"的理念,在学习中不断提升,在反思中不断成长。

一、学科课程建设目标

针对数学的基础性、普及性和发展性,数学组将在学校"智慧数学"特色学科建设中,针对小学生年龄特点和数学学习规律,以课堂教学为重点,加强数学教学的改革,促进每一个学生的数学学习。同时,为进一步激发学生学习数学的兴趣,领会数学学习方法,丰富学生数学素养,我们将在各年级开设校本课程,形成配套的校本课程教材,丰富学生数学学习的课外资源,发展学生的个性,使得"人人都能获得良好的数学

---

[1] 中华人民共和国教育部.义务教育数学课程标准(2011年版)[M].北京:北京师范大学出版社,2012:2.

教育,不同的人在数学上得到不同的发展",逐步建立数学课程群。

二、学科教学改革目标

课堂教学是学科教学的主阵地,其教学改革的目的必须建立在学生的兴趣之上,切身地从学生的实际出发,以学生能够接受的程度为准,特别是在教学方式和方法上不断进行创新,把数学教学从枯燥的教学中解放出来,变为兴趣教学、有效教学,逐步打造数学"智慧课堂"。

三、学科团队建设目标

教师团队建设总体目标:有良好的师德和对数学教育的热爱之心;具有集体观念和团队意识;具有健康体魄、积极向上的良好心态和合作精神;能够联系社会、了解社会、服务社会。教师个体发展目标:功底扎实,学识渊博;团结协作,教有特色;教学相长,不断探索,提高专业素养。在课程改革的实验过程中,促进每个教师的个体发展,让每个数学教师都能够形成自己的教育特色,提高数学教师在教学、教研、信息技术等方面的综合实力的提高,培养出一批数学骨干教师。

四、学科学习质量目标

主要目的是全面了解学生数学学习的过程和结果,激励学生学习和改进教师教学。立足40分钟的课堂教学,让学生获得适应社会生活和进一步发展所必需的数学基础知识、基本技能、基本思想、基本活动经验;能体会数学知识之间、数学与其他学科之间、数学与生活之间的联系,运用数学的思维方式进行思考,增强发现和提出问题的能力、分析和解决问题的能力;了解数学的价值,提高学习数学的兴趣,增强学好数学的信心,养成良好的学习习惯,具有初步的创新意识和实事求是的科学态度。建立目标多元、方法多样的评价体系。既要关注学生学习的结果，也要关注学习的过程；既要关注学生数学学习的水平，也要重视学生在数学活动中所表现出来的情感与态度，帮助学生认识自我、建立信心。

第四节 同生共长的智慧生态

《义务教育数学课程标准（2011年版）》指出："在数学课程中，应当注重发展学生的数感、符号意识、空间观念、几何直观、数据分析观念、运算能力、推理能力和模型思想。为适应时代发展对人才培养的需要，数学课程还要特别注重发展学生的应用意识和创新意识。"[1]为此，小学数学学科在学科课程、学科教学、学科团队、学科学习、学科社团五个方面不断思考，不断尝试，探索出了一条坚定、自信、成功的路径，取得了良好成效。

一、建设"智慧课程"，丰富课程体系

小学数学教研组的每一位教师结合个人专长，钻研教材，巧用资源，创设智慧课程，彰显数学的魅力。智慧课程的建设，跟我们的数学基础课程形成互补，增强小学数学的教学艺术性，让学生切实感受到数学学习的乐趣和魅力，从而形成良好的数学学习兴趣，实现对小学生数学学习能力的综合培养。

（一）基于教材，大胆进行单元整合

教师在对教材的反复研读和整体把握的基础上，可根据学生的现实情况、教材的学习内容，将教材内容进行单元整合，对情境问题放大、延伸和创编，让数学思维和内

---

[1] 中华人民共和国教育部. 义务教育数学课程标准（2011年版）[M]. 北京：北京师范大学出版社，2012：5.

在思想在学生认识中真正"生根"。

我们组贲月红等6位老师曾一起撰写了《长方体和正方体的表面积》单元教学方案。这一单元包括了长方体和正方体的认识、长方体和正方体的展开图、长方体和正方体的表面积概念、表面积的计算、表面积的变化等一系列的内容。教师在备课中,"择其重去其轻",例如对于长方体和正方体的认识、概念、表面积的概念就可以用尽可能少的时间来给学生解释,而表面积的计算和表面积的变化则需要详细讲解,尤其是表面积的变化,需要引导学生在操作、观察、分析等活动中,综合运用有关知识,发展空间观念。

一个单元模块的教学活动完成后,教师也不能忽略对这个单元模块的复习和总结。因为小学生接受能力具有一定的差异性,所以在整个单元学完后或多或少会存留一些知识漏洞,而回归教材的复习和反思可以帮助学生再次全面了解知识体系,加固自己的理解。"长方体和正方体的表面积",这一单元涉及到计算几个面的问题。尽管在教学过程中教师认真仔细地落实了,分别列举了计算4个面、5个面和6个面的情况,但是在脱离课堂后,学生在课后作业中仍然会表现出混淆不清的现象。这时,总结和反思学习过程则显得非常重要。单元知识体系是一个联系的整体,学生在反思过程中能够重新梳理知识系统,把知识中的内容进行联系和对比,得出和第一次学习不一样的结果。这样的方式加深了学生对整个单元内容的印象,也弥补了他们的学习漏洞,降低作业中的错误率。具体活动评价表格如下。(见表2-1)

表2-1 "智慧课程"活动设计与评估用表

活动名称	怎样计算长方体的表面积?
活动目标	① 从长方体表面积的含义出发,自主举例探索获得长方体表面积的一般计算方法。 ② 能自信分享在同伴协助学习中自己出错、纠错的过程。
活动任务	1. 我们已经知道了长方体表面积是六个面之和,那么给你任意一个长方体,你会收集哪些数据并怎样来计算呢? ① 请举例说明:记录例子,并只列式不计算。(独立尝试,有困难求助) ② 同桌分享互评,纠错改错。(同桌协作) ③ 针对举例自愿,互动交流。

续表

	A 观察不同的例子记录(有文字、有简图),有什么共同之处? B 收集了长、宽、高数据信息,进一步是如何计算?谁愿意来分享自己出错、纠错的过程?(结合立体图与展开图) C 能用字母公式表示长方体表面积的计算方法。 ④ 整理回顾,评价自己举例情况。(反思分享)	
活动性质	独立判断、同桌协作、集体分享	理解运用、探究发现
活动资源	教学楼图纸	
活动时空	普通教室	20 分钟
活动水平	解释性理解	

(二) 巧用资源,激发学生学习兴趣

2020 年,这场突如其来的疫情,给所有一线的老师带来了不小的挑战,不一样的教学模式,让老师们对教材有了新的思考,对教学活动有了新的策略,不断调整练习设计,并尝试探索新的评价方式……

进入直播间,我们往往有一种面对"空荡荡教室"的感觉,所以我们需要想办法与孩子互动,提高孩子参与课堂的积极性。"连麦"是我们最先想到的方式,但是实际操作中,发现效率太低,特别是低年级的孩子,语言表达还没有达到预期的能力,往往"连麦"以后,就成了老师和这个学生两个人的课堂,其他孩子无法融入。接着,我们想到的"互动面板"的交流,当然,发送文字或其他复杂的内容,对低年级孩子来说是无法完成的任务。为了方便孩子互动,我们在直播内容设计时,尽量考虑发送数字进行互动,这样的互动激发了孩子的积极性。但也发现,有些孩子的互动仅仅是随大流,甚至还有些是滥竽充数,在八、九十个人的大课堂里,有没有真正参与互动,老师无法考量。所以,在后期的互动中,我们是这样对孩子提出要求的:"请每个班的 5 号发送答案""请 1 班的学号是双数的同学发送答案""请学号是整十数的同学发送答案"……互动人数有了限制后,便于老师了解孩子的参与情况,同时,这样的互动要求正好呼应了一年级学习的百以内数的认识,孩子也会因为这些知识的融入对互动产生兴趣,提高听课效率。

(三) 联系生活，主动解决数学问题

《义务教育数学课程标准（2011版）》强调："从学生已有的生活经验出发，让学生亲身经历将实际问题抽象成数学模型并进行解释与应用的过程。"[①]因此，老师作为学习的组织者、引导者和合作者，要充分利用和开发大量的本地、本校、本班的课程资源，创设贴近学生生活的情境，让他们在熟悉的事物和具体的情境中建立起数学模型，从直观的和容易的数学活动中抽象出数学知识。如张丽丽老师在教学《分类》时，课前老师先让学生收集一些不同形状的物品，然后让学生分小组讨论，同时把讨论结果进行小组汇报。学生被眼前的各种各样的物品深深吸引着，纷纷主动、积极参与分类活动教学情境中。有的说可以按颜色不同分，有的说可以按形状不同分，有的说可以按种类不同分，通过实物演示，帮助学生建立表象，让学生学会用不同角度观察、分析、归纳事物，把原来枯燥的、抽象的数学知识变得生动具体，富有情趣。课后，老师要求学生动手试一试整理自己的书包、书柜、衣柜、房间，按照自己喜欢的方式进行整理。学生在整理物体中体会到生活中处处有数学，并体验用所学知识解决实际问题的乐趣。

二、构建"智慧课堂"，推进课堂教学转型

打造"智慧课堂"，要求教师积极投身于教学改革，积累经验，提升课堂教学品质。课堂上我们教师要致力于教学方式的转变，倡导学生主动参与、乐于探究、勤于动手，发挥学生创造的冲动，激发学生分享内在的需要，培养学生搜索和处理信息的能力、获取新知识的能力、分析和解决问题的能力以及交流与合作的能力，促使学生在教师指导下，生动活泼、富有个性地学习，将数学课程目标落实到课堂教学之中。

(一) 聚焦思维发展

1. 问题探究，开启智慧。学生的潜能和智慧需要激发的载体，学生的思维需要有自由挥洒的空间。"问题是数学的心脏"，有思考价值的问题，能激发学生的探究欲望，

---

① 中华人民共和国教育部.义务教育数学课程标准(2011年版)[M].北京：北京师范大学出版社,2012：7.

激荡学生的思维,激活学生的创新灵感。在问题探索与解决过程中,数学方法在启迪中生成,问题解决策略在生成中提高,学生的智慧在问题探索中开启。

2. 合作交流,催生智慧。合作学习中学生克服了独立思考的思维局限,集思广益、广开言路,能充分发挥学生的主观能动性。教师只在关键处加以指点或导拨,能避免一节课唱独台戏的尴尬局面。通过小组合作学习,教师淡化了"权威"意识,转变了在教学中的角色,学生学习的主动性增强了,自主探究、合作意识和能力得到了培养,学生在这种和谐的环境中自由发展,智慧共享。

3. 精选素材,发展智慧。《义务教育数学课程标准(2011版)》要求:"学生的数学学习内容应当是现实的、有意义的、富有挑战性的"[①],这就为数学学习内容的组织选择和呈现形式提出了方向。而根据教学内容所选取的教学素材是课堂教学中教学内容的具体化,这直接关系到学生学习的参与情况和智慧生成,因此选择的素材要注重生活化、趣味化,并富有变化色彩。

4. 总结提升,丰富智慧。课堂小结能促使学生课后去独立思考,或为下堂课的学习埋下伏笔,使学生在掌握课堂内容的基础上萌生出向更深层次思考的欲望。精心设计课堂小结对提高课堂教学有效性有着举足轻重的作用。教师要高度重视数学课堂小结,让课堂小结也精彩起来,通过课堂小结丰富学生的智慧。

(二) 还原数学童趣

数学教学不仅有理性思考的一面,也有富有童趣的另一面,而教师教给学生的不仅有理性的思考、解决问题的策略等单纯的数学知识,更重要的是培养学生的兴趣,一种对数问题不懈追求的意念。这些离不开我们这些数学教师对孩子们童年时代认同与向往的理解,离不开教师对数学知识的精心包装与加工。有一点我们牢记:数学教学只有摒弃古板枯燥的面孔,转而回归孩子的生活,我们的数学课堂才能更加具有童味,才能让学生觉得数学有趣、有料。

---

① 中华人民共和国教育部. 义务教育数学课程标准(2011年版)[M]. 北京:北京师范大学出版社,2012:2.

(三) 实现能力迁移

迁移是指一种学习对另一种学习的影响。按其效果可以分为正迁移(一种学习对另一种学习的促进作用)和负迁移(一种学习对另一种学习的干扰作用)两种类型,我们所说的迁移一般都是指正迁移。知识迁移能力是将所学知识应用到新的情境,解决新问题时所体现出的一种素养和能力,包含对新情境的感知和处理能力、旧知识与新情境的链接能力、对新问题的认知和解决能力等层次,形成知识的广泛迁移能力可以避免对知识的死记硬背,实现知识点之间的贯通理解和转换,有利于认识事件的本质和规律,构建知识结构网络,提高解决问题的灵活性和有效性。具体评价表格如下。(见表2-2)

表2-2 上海市民办复旦万科实验学校"智慧课堂"教学评价表

任课教师		时间		课题				
一级指标	二级指标				等第及相应分值			评价得分
					A	B	C	D	
教学目标 (10分)	1. 目标设置合理,要求具体,三维要求符合学生实际				5	4	3	2	
	2. 能在目标设置中充分体现教师对学生可能存在的学习问题的预设及解决方式				5	4	3	2	
教学内容 (20分)	1. 知识容量和密度适中,深浅有度,重点突出,难点突破,对学生的学习问题有针对性的学法指导				5	4	3	2	
	2. 知识讲授正确,具有科学性和系统性,注重渗透学科的思想方法,体现应用与创新意识				5	4	3	2	
	3. 教学内容源于课本,又不完全拘泥于课本,具有一定的开放性,能适时拓展				5	4	3	2	
	4. 引导学生落实双基能力,妥善处理教与学、知识与能力、过程与方法等关系				5	4	3	2	
教学方法 教学手段 (10分)	1. 教学策略、教学方法灵活,能调动学生的学习积极性和主动性,关注学生的差异性发展,很好地解决学生存在的问题				5	4	3	2	
	2. 能恰当运用各种教学辅助手段解决问题,教学效果好				5	4	3	2	

续表

一级指标	二级指标	等第及相应分值				评价得分
		A	B	C	D	
教学过程（30分）	1. 能找准学生学习中存在的问题	5	4	3	2	
	2. 针对问题,有意识地进行学法指导,重视知识的运用和技能训练,注重能力培养,课堂信息反馈及时	5	4	3	2	
	3. 善于创设情境,提供充分的材料和时间让学生自主探索、猜想和合作交流,调动学生在探究中学习,鼓励学生质疑、创新	5	4	3	2	
	4. 学生参与有一定的广度和深度,能突出学生的自主学习,学生存在的问题能在课堂中得到有效解决	10	8	6	4	
	5. 保持师生、生生之间的有效互动,教学环节合理紧凑,教学实效性强,学生学习热情高	5	4	3	2	
教学效果（10分）	1. 课堂气氛活跃,学生学习情绪高,主动参与学习的全过程,并在学法上有一定收获	5	4	3	2	
	2. 使大多数学生掌握了解决学习中的实际问题的方法,能有效解决预设问题	5	4	3	2	
课后反思（10分）	说明授课思路,说明发现问题、解决问题的过程,说明后续工作的进行	10	8	6	4	
日常质量（10分）	日常教学质量达到学校要求(此栏由校方填写)	10	8	6	4	
评课人		总分				

三、建设"智慧团队"，让数学教研组成为智慧团队

我们教师团队建设的总目标是：具有良好的师德和对数学教育的赤诚热爱；具有集体观念和团队意识；具有健康的体魄、积极向上的良好心态和合作精神。老师们能够结合自己的教学主张，开展教学建模，并将其充分运用到课堂教学中去；以课程改革为中心，以课堂教学为重点，深入开展教学研究。教研组鼓励青年教师参与课题研究，

在带教好新教师的前提下，新老教师教学互补，共同提高业务水平。

（一）注重品牌教师引领

每学期学科带头人、品牌教师率先公开展示课，帮助组内教师提高对教材的精准分析能力，并创造性地使用教材，从而提高数学课的教学质量，并注重培养学生的数学能力。

（二）强化组内专业建设

立足课堂，扎实有效地开展组内公开课，不仅要求教师精心准备上好每一节课，也要求听者放下一切杂事，专心听课。为深刻了解自己的薄弱点，不断改进教学，还可借助现代技术，用摄像机将每一节课拍摄好，给上课者一个回看的机会。教者上交一篇教学设计和课堂教学教后感，听者写一篇观课心得，及时交流，互相借鉴。

（三）着力新教师培养

对于新加入的教师，我们要在新学期初加强各种规章制度的学习，鼓励新教师努力学习，尽快融入团队。组内所有教学资料共享，新教师可根据自己的教学风格以及班级学生的情况进行调整，帮助提高教学素养，不断进步。教研活动常态化，在总结中成长与在反思中不断实现自我提升。

（四）哺育骨干教师成长

青年教师是学校教学工作的主力军，抓好青年教师的培养工作是学科团队建设的重要内容。在青年教师成长过程中，除了学校安排的"师徒结对"活动外，通过教学案例研讨、公开课展示、教学基本功大赛、外出参观学习交流等活动，切实提高青年教师数学课堂教学水平。鼓励青年教师积极参与并争取负责一个校级、市级课题。通过课题引领，促进教师不断反思和升华自己对学科教学的理解，提炼个人教学主张，建立学科教学品牌特色。

(五) 潜心特色团队打造

小学数学组有两名行政领导、一名学科带头人、一名品牌教师,多名学校青年骨干教师组成。每位教师在教学实践中富有一定的经验,在校级项目及市级项目研究方面积累了丰富的项目研究经验。教师通过自主研发数学思维校本教材,运用先进的教学思想、教学理念和教学方法,充分挖掘学生的潜力。以稳步提高学生的综合素质和思维能力为宗旨,基于"立足快乐学习,激发数学兴趣,开发多元智能,启发数学思维"的培养目标,培养学生良好的学习习惯和数学素养。每位教师通过自己默默的努力,打造出一个和谐默契又具数学特色的团队。

四、推行"智慧学习",落实学法指导

学科建设的目的是为了让每位学生成为智慧学习者,让学生完成从"学会"到"会学"的转变。我们老师关注的不只是学生的成果,更是孩子学习数学过程中的方法指导和情感态度、价值观。因此从学生熟悉的生活情境与童话世界出发,选择学生身边感兴趣的事物,提出相关的数学问题。创设开放的教学环境,将课堂还给学生,将探索的空间还给学生,把童趣还给学生,把自主还给学生,使课堂教学与学生的情感、体验、思维、创新融合,让孩子丰富多彩的个性淋漓尽致地表现出来,健康的人格得到和谐、全面地发展。让孩子在猜测、想象、探索问题的美好空间,体验在数学应用的成功,树立学好数学的信心。我们组教师通过实践研究汇编成小学生"数学快乐学习 36 计"。下面以一年级《快乐学习 36 计——"做"的作业》为例,进行说明。

(一) 第一单元——复习与提高

以复习 20 以内的加减法为主,让学生制作 20 以内加减法的口算卡片。让学生利用这套自制的口算卡片复习 20 以内加减法,为后面 100 以内加减法的学习做好准备。形式可以是(1)亲子口算,家长互动。这个形式比家长动不动就给孩子 100 道题要好得多,而且在上学、放学的车里都可以进行。(2)同伴 PK,课间、午间、课前 2 分钟进

行。时间灵活,又能营造你争我赶的氛围。

(二) 第二单元——100 以内数的认识

1. 认识 100 以内的数。让学生在数位表上摆双色片,画一个简单的数位表,做 6 个小圆片,能摆出几个两位数。这个形式在考试中也会出现,学生亲自动手摆一摆,不会在做题时无从入手,也能培养学生的思维有序性和全面性,架起了抽象的数学知识和形象的学生思维之间的桥梁。

2. 认识人民币。这是一个难点,一年级的小孩子生活中还不会独立购物。让学生画一套人民币或者买一套玩具人民币。首先要认一认,特别是分币生活中已经碰不到了,但是换算中会经常碰到角和分之间的换算。一年级还没学过乘法,所以由实物的概念才能换算。班级中设置一个购物角,让学生在课间或午间玩购物的游戏,同一种商品可以要求有 3 种不同的付费方式。

(三) 第三单元——时间的初步认识

1. 做一个钟面,根据要求拨时间,分两种 12 时计时法和 24 时计时法。

2. 做一个周六生活的时间表,目的是了解 24 时计时法中的各个时间到底是在什么时候。

(四) 第四单元——100 以内的加减法

在巩固算法时,让一年级学生画一画算法位值图,特别容易让他们理解"满十进一"和"退一作十"的进退位加减法的算理。

(五) 几何小实践

1. 方位中的左与右,难点是非生物的左右和动物的左右。也让学生画图,画一幅情境图,并标上左和右。让学生化难为易,有趣又好记。

2. 长度单位。测量家中物品的长度,通过不断感官累积,建立长度概念;运用身上的部位测量、估测;制作米尺。

(六) 第六单元——整理与提高

1. 百数表。设计成在百数表上下棋,把百数表当做棋盘,通过骰子,从1出发向上走几格向下走几格,比一比谁先到100。

2. 交换。设计题包,设计题包总是比解题包有趣和自豪。

3. 各人眼中的20。用小豆子摆一摆几个几。

实践证明,我们的"数学快乐学习36计"之"动手操作",充分调动了学生眼、口、手等多种感官参与学习,可以帮助学生形成良好的认知结构和知识体系,并且能达到事半功倍的效果。"动手操作"不仅可以有效提升学生的学习效果,而且可以帮助学生达成"会学"。学生运用这些方法,学会从生活经验、生活实际中去挖掘数学知识的生活内涵,捕捉生活中的数学现象,体会数学"源于生活,寓于生活,用于生活"的特点,感受到数学就在身边,感悟数学的魅力,体验到数学学习的乐趣,从而始终保持积极地学习态度,快乐的学习情绪,切实提高学习效率,这些恰恰也是学生发展核心素养的重要内容之一。具体评价表格如下。(见表2-3)

表2-3 "智慧学习者"关于数学学分银行的学分竞换细则

序号		细 则	奖励额度
1		每日晨练全对	1分/次
2		数学课堂表现很好,受到老师表扬	1分/次
3		课作正确(两页及两页以上全对,奖励加位)	1分/页
4		独立、正确完成老师布置的思维题	1分/次
5	家作	每日家作,当日在学校完成并全对	5分/次
		每日家作,当日在学校完成并一次性订正正确	2分/次
		每日家作,次日批改全对	2分/次
		每日家作,次日批改并一次性订正正确	1分/次

续表

序号		细则	奖励额度
6	学科活动	在数学学科活动中担任职务	10 分/次
		在数学学科活动中出色完成职务工作	20 分/次
7	测试	平时练习达"优等"	10 分/次
		平时练习达"满星"	50 分/次
		平时练习学习成绩有明显进步	10 分/次
8	监控	期中或期末练习达"优等"	50 分/次
		期中或期末练习达"满星"	100 分/次
		期中或期末练习学习成绩有明显进步	50 分/次
9	校级比赛	一等奖	100 分/次
		二等奖	50 分/次
		三等奖	20 分/次
10	区级比赛	一等奖	1500 分/次
		二等奖	1000 分/次
		三等奖	500 分/次
11	市、国家级	一等奖	2000 分/次
		二等奖	1500 分/次
		三等奖	1000 分/次

五、创设"智慧社团"，激活主体参与

创设数学社团活动是小学课程体系的重要组成部分，可以培养学生的数学思维，对拓宽学生的视野、培养学生的兴趣爱好、发展学生的数学才能以及培养核心素养有着积极的作用。

（一）开展丰富多彩的课外实践活动

五年级学生学习了《长方体正方体表面积》后，老师转变了教与学的方式，设计了

美化校园工程的项目:"复旦万科 2 号楼外立面粉刷工程招标原材料底价预估"的小组合作类活动作业。

1. 组建团队:学生自荐组长,然后组长挑组员;或者组员挑组长,只要双方都愿意就可以。

2. 学生对这综合项目做一个计划:需要怎样合作,需要逐步开展哪些任务?学生们以小组为单位进行讨论,讨论的过程中有分歧、有坚持、也有退让。最后学生们用思维导图的形式把项目计划表示了出来。

3. 学生介绍了很多种计算教学楼侧面积的方法:在此活动中,学生的思维得到了无限的发散,在长方体、正方体表面积学习中融入了侧面积的学习,有些学生就想到了课本中没有却又计算起来最简便的"底面周长×高=侧面积"方法。

4. 在油漆的选择中,学生也从不同角度谈了自己的选择标准:a. 虽然是最贵的,但是质量是最好的;b. 考虑性价比;c. 上网京东比较,查看客户的评价,来确认信息的真实性等等。

活动最终,总务主任李老师根据学生的调查、计算的数据以及学校的预算合适的油漆,定下外立面粉刷材料的底价预估,对于最接近底价的小组给予奖励。这样的项目学习给学生带来了很多收获和感想。学生谈道:最后竞标是否成功已经不重要了,我不在意结果,我认为我们在思考、在解决问题、在讨论的时候才是最珍贵、最重要的。这样的教学何尝不是我们数学教学的终极目标呢。

(二) 组织生动有趣的课内学习活动

在教学时,只有让学生主动参与到课堂教学活动中,主动学习,才能使学生内在的潜能充分发挥出来,才能使原本抽象、枯燥的数字、符号变为生动有趣的数学知识,才能鼓励学生用原有的知识去探究新知识,让数学学习活动成为学生学习的期盼。

新教材中每个知识点都设计了大量的情境,如一年级教学认识《几个和第几个》时,教材中出现买冰淇淋场景。因为,几个和第几个是动态的,由于小朋友排队的状态在不断的变化,所以它在队伍中的第几个也在不断变化,要求小朋友通过观察,写出正确的序数,可能个别学生会概念模糊。教师在上课时设计一个生活化的场景,让每个小朋友上来排队,经历一下课本的场面,深受小朋友们的喜欢。第一幅图,小胖来买冰淇淋,第二幅图,他插队排在第3个,第三幅图在众人的指责下,他不得不排队到了第7个,这一过程中,每个孩子的位置都在不断的变化,它们的序数也不断的变化。通过安排课堂排队活动,使小朋友真实感受到序数是会变化的,每次从第1开始数,数到几就是第几个人,在不同的位置就有不同的序数,这个课堂活动设计让学生学得自信,学得快乐。

(三) 开设形式多样的数学 V 课程

数学 V 课程是基于学生的数学学习兴趣,结合教师的个人专长,在数学教研组的统筹安排下合理的开设了一系列数学学科 V 课程,V 课程的开设兼顾课程的深度与广度,呈现出系统性与形式多样性,如数独、魔方、智力七巧板、有趣的火柴棒……

智力七巧板:蕴含着深奥的数学知识,它巧妙地应用了数学上的排列组合和线性规划原理,拼搭起来奥妙无穷,妙趣横生,充满着魅力。通过拼搭智力七巧板,使学生在玩中学,玩中动手操作,感受了组合图形的无穷奥妙,领悟到了智力七巧板的无穷乐趣和成功的感受,促进了他们的身心和谐的发展。

几何与折纸:利用普通的纸张,经过折、剪、画等活动来完成一定物体造型的美术活动。活动取材方便、操作简单、生动形象、易学易做,只需要基本形状的纸张即可创作出极富几何感的立体造型,是儿童感兴趣的一项活动。它既能锻炼儿童手部肌肉,又能促进儿童大脑发育,内容丰富,有很强的趣味性。通过折纸操作活动,增强儿童动手能力,并促进儿童养成良好的操作习惯,加强孩子对各种折叠方法和剪、画的使用,在此基础上培养孩子通过观察、讨论,发挥创造性和想象力,敢于表现自我的能力。

数独:是一种逻辑游戏,趣味性强,现在风靡世界。我校本着"源于基础,高于教材,启迪思维,培养能力"的原则,选择基础性强、应用性广的数独作为数学课程的补充,训练内容培养游戏者的思维能力。数独游戏需要根据 9×9 盘面上的已知数字,推理出所有剩余空格的数字,并满足每一行、每一列、每一个粗线宫内的数字均含 1—9,

不重复。每一道合格的数独谜题都有且仅有唯一答案,推理方法也以此为基础。这种游戏全面考验做题者观察能力和推理能力,虽然玩法简单,但数字排列方式却千变万化,经过数学组老师的研究分析,我们认为数独是训练头脑的绝佳方式,作为数学思维的补充内容十分合适。

魔方:是益智玩具,对开发智力有很大帮助。另外玩魔方还原过程是一个观测、动作、思维集于一体的过程,对手、眼、脑部结合的协调性动作以及高速运转敏捷性思维都有锻炼,而且在快速还原过程中必须保持注意力的高度集中,对人的心理素质和专注力都有很高的要求。玩魔方同时极大程度上训练人的记忆力、判断力以及空间想象力,在不知不觉中"动手、动脑、玩出智慧"。具体活动评价表格如下。(见表2-4)

表2-4 "智慧社团"评价表

项目	内容	具体要求	得分
组织管理 (20分)	组织机构 (10分)	学生根据自身兴趣和特长,经过报名、审批等程序组建社团。社团至少有一名指导教师,指导学生社团建设。	
	管理机构 (10分)	社团有计划、有总结。计划任务明确、重点突出、措施得力。总结全面具体。	
社团建设 (30分)	团员管理 (10分)	每学期固定时间开设社团,社团规模建设不少于15人,每次活动前签到,学期结束有评价。	
	社团活动 (10分)	社团活动有计划、有总结。活动内容符合学生身心健康,形式多样丰富,每学期按时活动12课时。	
	实践交流 (10分)	每学期最后一次活动是学生做展示活动。	
建设成果 (50分)	教师发展 (20分)	社团指导老师定期、有计划指导学生社团活动,并微信转发学生活动情况。	
	学生成长 (30分)	学生喜欢自己的社团,认真完成社团的每一项任务,认真履行社团团员的义务,积极参加社团组织的各项任务。	
总评	优 (100—90分)	良 (89—70分)	合格 (69—60分)	待提高 (60分以下)

总之，我们以《义务教育数学课程标准（2011年版）》为基础，立足学校办学理念，适应学校长远发展，提出"智慧数学"的学科理念，实践证明"智慧数学"是一种全方位激发师生教与学的原始生命活力、让数学学习变得更加灵动，让数学学习充满智慧的快乐，最大限度地实现师生生命价值的教学理论体系。

（撰稿者：潘莺）

第三章

彩虹英语：五彩缤纷的英语世界

英语既是语言工具性学科，也是一门人文性学科。学生通过英语课程掌握基本的英语语言知识和一定的英语基础知识，以及听、说、读、写技能，形成一定的综合语言运用能力。英语学科教学还可以培养学生的观察、记忆、思维、想象能力和创新精神，帮助学生了解世界，感知中西方文化的差异，拓宽视野，培养爱国主义精神，形成健康的人生观，为他们的终身学习和发展打下良好基础。

作为上海市建校时间最长的民办学校之一,复旦万科在社会上有着良好的知名度。一套完善的学科建设方案对学校的发展起到至关重要的作用。英语学科作为我校的特色学科,从2010年起,我们对英语学科的校本特色建设进行了全面的改革。改革初期,我们对学校的英语校本教学模式、校本教学目标以及英语课程设置等进行了全面的规划。通过五年的改革,我们进入了学科发展的第二阶段。2016年起,我们成功获批上海市民办学校小学英语学科基地,在民办教育协会各级领导的关心和引领下,在市、区各位英语教学专家的指导和支持下,在各个兄弟学校的大力配合和互相帮助下,英语学科基地建设开展得有声有色。通过英语学科基地建设的系列措施,不仅全面推动了本校英语学科品牌建设,强化了英语教育教学质量管理,更促进了学校的内涵发展。通过多次学科基地活动,更将英语学科发展的优势向全市民办学校辐射。2020年,我校依据《义务教育英语课程标准(2011年版)》,英语学科发展进入了从全面改革到精致研究,再到大力推广的阶段。在这样的背景下,正视我们现阶段的基础英语教学,我们以学生为本,推进符合我校小学英语教学现状和长期发展的小学英语特色学科建设的路径,取得了可喜的成效。

第一节　卓尔不群的学科团队

我校小学英语学科教研组长期发展稳定。多年来,以全面实施素质教育为目标,以新课程标准为指导,从课程设置、教学模式、教学评价、团队建设等多个角度出发,多元发展英语特色学科建设。我校小学英语教师基本素养好,教学基本功扎实。教师年龄均在30—45岁之间,既有充满活力的工作热情,也有充满智慧的教学经验,还有个性魅力的教学风格。多年来,我校英语教师不仅在市、区各级英语教学竞赛中崭露头角,学生英语学业水平也稳居闵行区同类学校前列,受到学校及社会各界广泛的好评。全组英语教师潜心进行课改研究,以新课程标准为依据,以牛津教材和外教剑桥教材的科学整合为目的,以提高我校师生的英语综合素养为核心,全面推进素质教育和课程改革。

一、浓郁的教研氛围

教研组老师平均年龄 34 岁,是一个既有创新能力又极富经验的充满活力的、团结向上的团体。全组 15 名老师,最高学历为英语专业硕士研究生,其余教师全部为英语专业本科学历。教研组老师有着较好的知识背景,优秀的师德师风,极为热爱自己所从事的教育教学工作。工作富有激情和干劲,又不失科学的分析和研讨,是一支具有长期发展力的教研队伍。

二、扎实的教学基础

建校以来,我校英语教研组有 15 次获评校优秀教研组。在反复的研修和实践中,全体英语老师不断更新教育理念,调整教学方式,重视学法指导,小学英语教学质量逐年提升,不仅在市、区绿色指标综合评价中名列前茅,在指导学生获奖方面更是成绩显著。每年,小学部在区、市、国家级竞赛活动中均有出色表现,每年竞赛获奖人数高达两百余人。

小学英语教研组老师秉承复旦万科的优秀教研传统,为将来的持续发展打下了良好的基础。

三、进取的教师队伍

小学英语组有校学科带头人 1 名,品牌教师 3 名,骨干中青年教师 7 名。在各项教学竞赛中,获国家级优秀展示课的老师 1 名,获上海市教学评比一等奖的老师 2 名,获市三等奖的老师 3 名。这一批优秀的骨干教师,引领全组老师积极探讨英语教学不同课型的有效教法,重视对学生的学情进行分析并能据此有针对性引导学生学会学习。

2014年,小学英语组加入了区域BYOD项目,将信息技术与英语教学相结合,在英语学科教学研讨活动中多次开展电子书包课堂教学实验。2016年,小学英语组获批上海市民办学校小学英语学科基地,将学科基地建设与校英语教学研究相结合,多年的教研实践,培养了数名英语学科的数字化教学教师团队。同时,我们还注重在实践中提炼理论经验。通过论文撰写,得到理论的提升,通过专家讲座、教学交流、专题项目研究等形式,不断学习,达到整个教研团队的共同发展。

四、强劲的科研能力

小学英语组教师不仅注重教学研讨课的实践研究,还结合上海市中小学民办教育协会的"萌芽计划"课题研究和闵行区教育教学科研大课题和小课题的申报,夯实了英语学科建设的理论基础,提升了学科建设的科研水平。2016年,我们的《小学英语母语式阅读教学与评价实践研究》成功申报市民办教育协会"萌芽计划"科研课题。2017年,《小学英语口语听说能力培养与评价方法的策略研究》成功申报闵行区教育科研大课题。2018年,我们的《英语学科中小衔接的探索与实践》又一次获批闵行区教育科研大课题。2020年,我们再接再厉,以英语学科思维品质为出发点,再次申报闵行区教学科研大课题。多年来,我校小学英语组老师从教学实际出发,不断提升科研能力。

除了有大课题的专业引领,2018年至2020年,我校平均每年有三位以上的小学英语老师积极申报闵行区教育科研小课题并获批立项。通过基地建设活动和课题研究发展的强力合作,老师们业务能力得到极大的提升,科研能力也进步迅速。

五、高效的保障措施

市、区教研室领导和学校领导高度重视,为英语学科建设提供了科研、教学和行政的保障。2010年起，英语组老师先后开展了以"创建小学英语教学的校本化特色"为主体的系列课题研究，为学科建设提供了教学研究的氛围和保障。近几年，通过开展市区级的教学展示活动，培养了一批注重创新和变革的中青年骨干教师，有效地提升了教师的综合素养和专业能力。复旦万科作为上海市民办学校英语学科基地，通过基地建设展示活动向闵行区学校和全市民办学校开放，发挥了示范辐射和引领的作用。同时，小学英语学科基地建设工作也大力推动了本校英语学科的持续发展。我们通过开展合作交流，资源共享，优势互补来共同推进，共同发展，努力提升民办教育的办学水平。

第二节　五彩缤纷的学科愿景

《义务教育英语课程标准(2011年版)》提出义务教育阶段英语课程的主要目的是为学生发展综合语言运用能力打基础，为他们继续学习英语和未来发展创造有利条件。[①] 我校从课程设置、课堂教学、团队建设、资源整合和评价体系多个角度出发，针对性地开展了小学英语特色学科建设与改革，实现了为学生构建五彩缤纷的英语世界的学科建设愿景。

一、学科性质观和价值观

英语既是语言工具性学科，也是一门人文性学科。因此，英语教学要强调语言目标与人文目标的整合，要在确定教学目标和思考教学方法的同时，强调合作学习、培养文化意识、设计学习策略、发展情感与态度价值观。英语教学的人文目标其实也正是其育人价值的体现，要强调发展学生的自主学习能力、合作能力、探究能力和交际

---

① 中华人民共和国教育部. 义务教育英语课程标准(2011年版)[M]. 北京：北京师范大学出版社，2012：2.

能力。

基础教育阶段英语学科教学的教育价值是要激发和培养学生自主进行英语学习的兴趣，树立学习英语的自信心，养成良好的学习习惯和形成有效的学习策略。帮助学生掌握一定的英语基础知识，形成用英语与他人交流的能力。帮助学生了解世界和中西方文化的差异，拓展国际视野，向世界表达中国。同时培养爱国主义精神，形成健康的人生观，为他们的终身学习和发展打下良好的基础。

二、学科核心理念

小学英语学科在新课程标准的引领下，以培养学生核心素养为指导思想，开展了小学英语特色学科建设与改革，通过对复旦万科小学英语课堂教学现状的分析，我们从课程设置、课堂教学、团队建设、资源整合和评价体系多个角度出发，将"彩虹英语"确定为小学英语学科建设的核心理念。"彩虹英语"是指为学生构建五彩缤纷的英语世界，具体是指：

1. 完善"彩虹课程"，提高学生英语综合素养。
2. 建构"彩虹课堂"，推进课堂教学深度转型。
3. 打造"彩虹团队"，发展教师个人教学特色。
4. 建设"彩虹资源"，开发整合各类教学资源。
5. 推进"彩虹评价"，从多角度点燃学习热情。

"彩虹英语"是以英语学科特色建设为契机，提升教师专业发展，打造有较高专业素养的教师队伍，通过提高教师对英语教学更深的认识，促使教师自觉地研究英语教学，改进教学方法，不断提高教学水平，形成教师个人的教学特色，以促进学生发展、丰富学校办学内涵为最终目标。

第三节　砥志研思的学科目标

《义务教育英语课程标准(2011年版)》提出义务教育阶段英语课程的总目标是："通过英语学习使学生形成初步的综合语言运用能力，促进心智发展，提高综合人文素养。"[①]结合学校现状及建设愿景，小学英语学科团队从学科课程建设、学科教学改革、学科学习质量、学科团队建设等几个方面开展了英语特色学科建设，明确了英语学科建设的各级目标。

一、学科课程建设目标

英语学科课程建设的总体目标是完善"彩虹课程"，提高学生的英语综合素养；开发丰富多彩的校本课程；拓展学生英语学习的课程资源；开拓学生的视野和思维，初步形成并不断完善小学"彩虹英语"课程体系，提高学生的综合语言素养和人文素养。

二、学科教学改革目标

英语学科教学改革的目标是通过建构"彩虹课堂"，推进课堂教学深度转型。学科教学质量的提高，关键在于教师学科教学理念、学科教学素养、学科课堂教学水平的提高。因此，我们小学英语教研组学科教学改革的目标是从上述的三个方面着手改进，建构"彩虹课堂"，全面推进课堂教学的深度转型。其中，英语阅读教学的研究与改进是重中之重。我们在上海市应用性阅读教学指导方针的指导和引领下，有针对性地开展课堂内外英语阅读教学的改革与研究。

---

① 中华人民共和国教育部.义务教育英语课程标准(2011年版)[M].北京：北京师范大学出版社，2012：8.

三、学科学习质量目标

推进"彩虹评价",从多角度点燃学生学习热情。小学英语学科的学业质量目标,主要锁定在后进生与学优生的培养计划上。在上海市招生新政策的大环境下,学生的基础水平差异较大,为进一步实现对后进生的转化及对学优生的提升,我们通过推进"彩虹评价"体系,从日常作业、听写成绩、英语听说、课堂参与等多角度来优化学生英语学习的过程,鼓励学生找到自我英语学习的优势。同时,进一步将教学辅导与评价方式结合起来,切实帮助后进生树立信心,搭建学习台阶,帮助学优生搭建展示平台,促使各个层次的学生都能得到发展。

目前,小学各年级的学生分别达到课程标准的1级、2级目标,全体学生都有相应的收获,获得提升。英语素养好的学生有较强的综合语言运用能力,有思想,会学习,具备国际视野,能凸显世界公民的角色定位;后进生则重拾英语学习的信心,能跟上班级及学校的英语学习进程。

四、学科团队建设目标

基于每位英语教师的鲜明特色,充分挖掘教师个人潜能,我们打造了"彩虹团队"。小学英语教研组全体教师的专业素养目标为在原有的专业基础上,继续学习,不断更新。我们鼓励青年教师攻读英语教育硕士。同时,我们还发挥了集团办学的优势,加强组内外、校内外英语教师的相互交流和学习,提升全组教师的知识素养和教育素养,使每位教师都具备了较强的英语教学和科研能力。小学英语教研组全体教师的教学教研目标:能以教研促教学,遵循科学规律,有明确的教学主张,形成鲜明有特色的教学风格。

小学英语教研组通过共同努力,全组形成了高效、有活力的教学模式。尤其是我们的阅读教学已经形成了特色,在上海市英语教学领域得到认可和推广。小学英语组的每位老师都有自己的教学主张,个人的教学特色鲜明。组内骨干教师具备一定的科研能力,能根据学校的教学现状,确定研究点,引领全组老师进行教学研究。同时,英语教研组每年都确立切实可行的研修方案来促进全组教师有效的校本研修。

第四节 笃行致远的学科建设

《义务教育英语课程标准(2011年版)》提出,教师应在教学中综合考虑语言技能、语言知识、情感态度、学习策略和文化意识五个方面的课程目标,根据学生的发展状况,整体规划各个阶段的教学任务,有效整合课程资源,优化课堂教学,培养学生的自主学习能力,为学生的可持续发展奠定基础。① 复旦万科小学英语学科团队针对性地开展了小学英语学科建设举措的具体推进方案,多途径推动了学科建设举措的实施,为使我校小学英语学科在上述四方面达到预期的建设目标,拟将重点推进下列举措:

一、建构"彩虹课堂",推进课堂教学改革

"彩虹课堂"是指在英语学科教学过程中,就不同课型,不同教学内容,面向全体学生,通过丰富多元的教学模式,展开行之有效的英语课堂教学,全面培养学生的英语综合运用能力,形成具有校本特色的教学风格。学科教学的关键阵地在于课堂,课堂教学的成败极大程度上决定了学科教学的成败。我们深入开展英语学科课堂教学的改革与创新,尤其是在招生新政下,更多的考虑通过英语课堂的分层教学达到个性化培养的目标,通过建构"彩虹课堂",推进了英语学科教学的深度转型。

---

① 中华人民共和国教育部.义务教育英语课程标准(2011年版)[M].北京:北京师范大学出版社,2012:8.

(一)"彩虹课堂"的实践操作

1. 以积极探索的态度进行教学改革,发展多元英语教学的模式和方法。"彩虹课堂"积极探索适应学生发展的有效教学方式,指导学生进行有效的自主学习,帮助学生发现和确定适合自己的学习策略。

从学习的角度而言,学生学习的安全需求、社交需求和尊重需求得到满足,才能到达最高层次的学习者自我实现的需求。因此每节课设定明确的、适合学生学习情况并且满足课标要求的学习目标并提前告知学生,使学生明白自己将要学什么,努力方向是什么,在极大程度上满足学生的学习需要;课堂教学上近乎社交模式的师生、生生互动生成的设计,和教师主导的"一言堂"的教学模式相比,更能满足学生的社交需求和自我成就的实现感;不同的学习者在学习过程中表现出不一样的学习能力和不一样的学习效果,但对每一个学习者个体而言都希望得到肯定的评价,因此,我们针对不同学生进行多元评价,从而激发学生的课堂参与兴趣,满足学生在学习上成就感和尊重感也是非常重要的。

2. 以课堂观察的形式开展教学研究,促进多元英语教学的落实和改进。作为每节课的执教者,教师在自己的课堂里能发现一些问题,但若要更全面地了解和发现问题,还需要教师同伴的互助。我们的教研组以备课组为单位,采用课堂观察的方法来促进课堂的改革与创新。每个年级的备课组确定1—2名老师为被观察教师,其他教师则尽量频繁地走进被观察教师的课堂,观察学生如何学习,会不会学习,以及学习效果和学习情绪的变化,同时也观察课堂中的其他行为或时间把控,如教学步骤,课堂文化等。每节课听课完毕,听课教师根据自己的观察量表提出相应的建议,供被观察教师调整或改进。然后备课团队再进行不断的反思、实践和再次改进,慢慢探索出具有校本特色的高效的英语教学模式。被观察教师的不断调整和改进的过程,也对听课教师有直接的影响,从而实现教研组全体教师的共同进步和提升。

(二)"彩虹课堂"的评价标准

学生是课堂学习的主体,教师是课堂学习的引导者,我们旗帜鲜明地提出了针对

"彩虹课堂"的"五度"评价标准,以"五度"评价标准推动英语课堂教学的变革与创新,充分发挥学生在英语学习的主体能动性。

1. 课堂参与度。教师鼓励学生主动学习、善于学习,养成好的学习习惯。指导学生在课堂上自主形成合作小组,对知识点进行学习和探索,统一认识的行为。创造条件使学生经常体验到创造的乐趣,能自主研究、质疑问难,形成独特的见解。

2. 课堂温馨度。教师自身有亲和力,创设愉悦的学习氛围,低年级百分之八十,中高年级百分之百地使用英语授课。关注每一个学生,注意保护学习有困难的学生,努力调动其积极性,并给予积极而善意的帮助。设置难易程度不同的题目,进行分层作业,让学生有自信参与学习、参与课堂。形成平等对话、互动交流的课堂氛围。

3. 课堂练习度。教师结合教材,设计各种丰富且具有针对性的"天天练"课堂小练习,让学生在参与的过程中得到锻炼和提高。结合课内教材,提供相应的文学知识、文化背景材料和课外阅读材料,拓展知识面,了解异国文化,在无形中得到思维、想象力的提高,做到课内课外有机结合。在练习中渗透教学重点和难点并利用周末的"Weekly周周练"将一周英语学习的易错点体现出来,并操练到位。

4. 课堂延展度。复旦万科的英语教材有牛津英语、剑桥英语和自编的校本阅读材料。英语教师通过深入挖掘教材与读本的特点与价值,结合其优势,将课堂教学重点延展到课外学习。通过各种形式多样的英语活动,激发学生的英语学习积极性,提高学生的英语运用能力和对异国文化的探究能力。

二、开发"彩虹课程",形成多元化学科课程框架

小学英语学科建设,主要从建设"彩虹课程"入手,实践"彩虹课堂"。所谓"彩虹课堂",是指英语主体学科之外,通过多元化的校本英语拓展课程,丰富学生的英语学习体验,从而进一步提高英语学科教学质量,养成良好的英语学习习惯,形成一定的英语学习策略,提高学习效率。

(一)"彩虹课程"的建设路径

"彩虹课程"分为英语必修课程、英语选修课程两大类。对于我校学生来说,日常英语学习中要接触的就是牛津英语、外教剑桥国际少儿英语和我们自主编写的校本英语阅读《Rainbow English Land 彩虹英语阅读》。英语教材是课程资源的核心部分,对它们的理解和把握,将直接决定了教师教学的效果。

1. 我们科学整合了统编教材《牛津英语》和外教教材《剑桥国际少儿英语》。这两套教材是我校小学生英语学习的主打教材。小学英语牛津教材共 10 册,是上海市的统编教材,我们严格按照新课标实施牛津英语的教学工作。同时,剑桥国际少儿英语作为另一本辅助教材,通过校本化实施来推进必修课程的落实。

小学英语教研组对照新课标,对每一个单元进行单元整合,明确每个单元学生所要完成的学习任务,每个单元相互之间的联系,重难点的分布,不同年段教材之间的相互联系,从宏观上对小学各个学年的教材有一个整体的把握。我们梳理两套英语教材的知识结构,深入研读新课标,把握两套教材的设计理念及编排特点。我们编写了各学年教学计划,在计划中把牛津和剑桥的重难点进行比对,从而设计出更加合理的教学进度。

明确教材的编排特点及设计理念后,小学英语组老师通过系列化的教研活动,共同研讨在教学中如何前铺后垫、循序渐进,通过科学的单元统整,使教学设计更符合学生学的需求,帮助学生更好地自主学习。

2. 我们自主编写了校本英语拓展资料《Rainbow English Land 彩虹英语阅读》。英语校本课程是结合我校学生的特点,在全面落实国家课程的基础上开发的精品拓展课程。我们构建了"彩虹英语"的拓展课程的框架,通过多年的努力,完成了《彩虹英语阅读》的编写,并已经进行了多年的实践、修改和完善。

《彩虹英语阅读》拓展资料以新课标为依据,充分开发与利用教材资源,提高了阅读教学的有效性。对于有一定能力的学生,我们还开设了彩虹桥英语阅读读书俱乐部,让学有余力的学生不仅能提升英语阅读能力,更能通过俱乐部的活动将教材的文化内涵延伸到课外,让学生领略到英语美文的美,激发他们学习英语的兴趣。

2018年,在学校原有拓展课程的基础上,我们对拓展资料进行了进一步完善和改进,形成教学理念新颖、课程有一定的体系、有科学的评价检测体系的、符合学校、学生实际发展需要的英语拓展课程,全面培养学生的语言素养和人文素养。

3. 我们打造了丰富多彩的英语选修课程。充分利用学校和学生资源,从课程的视角开展了各种英语特色活动。作为学习的主体,学生有着无限的活力和创造力,因此我们将开发和利用学生资源,给学生以施展才华的舞台,激扬学生生命的活力,展现他们青春的蓬勃朝气。

上学期,我们以听说演为主,为学生提供以展示自我为宗旨的平台,主要包括(1)举办英语歌唱比赛,选出校园十大歌手;(2)开展英语辩论会,让学生一展自己的风采;(3)组织课本剧的改写和表演,一展表演才能;(4)一年一度的英语节,可以结合西方文化,在圣诞节、万圣节等西方传统节日时,举办英语主题活动,提升学生的英语学习兴趣。

下学期,我们以读写阅为主,为学生提供以英语语用为核心的活动,主要包括:(1)鼓励学生制作英语海报,开展英语海报大赛;(2)举办英语故事会,评一评英语故事大王;(3)开展英语阅读竞赛,提升学生的阅读能力;(4)开展英语查字典比赛,让学生掌握如何使用工具书,为终生学习奠定基础。

通过组织学生参加这些活动,既能提升学生的英语学习兴趣,又给学生提供一个展示自己的英语才能的机会,为学生的英语学习增添了一份趣味和活力。

(二)"彩虹课程"的评价要求

"彩虹课程"的评价原则是活动课程展示校本拓展课程,校本拓展课程辅助必修课程。我们的小学英语校本拓展课程《Rainbow English Land》每学期有12课,配合必修课程《牛津英语》教材。每课分为词汇、阅读、对话三个部分。课程中的词汇作为英语拓展词汇,在周末训练weekly卷中都有所涉及。每课的短文要求背诵,并在英语课的2分钟预备铃时进行操练。每课的对话作为课堂教学重点,在对话中通过故事、课本剧、演讲、小品等形式进行表演训练。

英语必修课程和校本拓展课程对学生的评价采取等第制。采用学生自评与任课教师考核相结合的形式。学生自评根据自己学习该课程的学习态度、参与程度等表现和学习收获、进步，给出等第。任课教师综合学生在学习过程中的表现、学习效果，特别要留心学生的点滴进步。两方面因素中以学生参与学习的表现为主要参照，学习成果作为次要参照。

英语活动课程采用展示形式进行评价。每学期每位学生都至少参与一项英语活动，学期末通过个人展示或作品展示来进行活动课程的评价。

三、推行"彩虹评价"，完善学生学业过程评价

"彩虹评价"，是指采取多种评价手段，从多元的角度进一步完善学生学业的评价方式，实现以评促学、以评促教。新课标提出评价应反映以人为本的教育理念，突出学生的主体地位，发挥学生在评价过程中的积极作用。我组教师从2014年开始，已经对我校的英语评价体系进行了改革，实行形成性评价、表现性评价与终结性评价相结合的多元评价方式。

（一）"彩虹评价"的实施策略

英语课程的评价要体现评价主体的多元性和评价形式多样性。评价关注学生综合语言运用能力的发展过程以及学习的效果，采用过程性评价与终结性评价相结合的多元评价方式。也就是说既要关注结果，又要关注过程，对学习过程和学习结果的评价达到和谐统一。

过程性评价或终结性评价，采用多元评价则能在最大限度上促进教学效率的提高。这也是我们的最终目标，通过多元评价体系全面覆盖英语教学的五环节，通过多元评价体系全面引领英语教学的品牌学科建设。

(二)"彩虹评价"的考量标准

英语作为语言学习学科,强调语言的积累和实践运用能力。因此,我们的"彩虹评价"要从多个方面对学生的学习过程进行实时跟进、考察。如课堂活动的参与程度,课外阅读的内容和数量,课外活动的参与及成果等。除此以外,学期或学年的质量监测也是非常重要的评价手段。"彩虹评价"从不同年级所对应的不同学业标准出发,通过阶段检测,及时发现教学问题,调控教学过程,使学生更好地达到预期目标,具体评价反馈表格如下。(见表3-1)

表3-1 复旦万科学生英语学习多元评价反馈表

评价项目		等第评价	A级	B级	C级
学习习惯	作业习惯		按时完成,订正高质。	偶有拖欠,订正良好。	常有拖欠,常不订正。
	书写习惯		书写工整,保质保量。	书写一般,质量良好。	书写潦草,频频出错。
	诵读习惯		语音优美,背诵熟练。	语音标准,背诵合格。	语音不准,背诵困难。
学习兴趣	课堂参与		积极交流,乐于表现。	表现良好,偶尔走神。	不愿交流,缺乏合作。
	课外阅读		每日坚持,善于总结。	每周坚持,善于摘记。	每月坚持,摘记合格。
	英语活动		积极参与,乐于合作。	可以参与,可以合作。	不愿参与,不愿合作。
学业成果	听说能力		反应敏捷,善于沟通。	积极尝试,敢于表达。	不愿尝试,无法交流。
	读写能力		善于阅读,语法优秀。	可以阅读,语法良好。	阅读较弱,语法合格。
	综合运用		成绩优良,举一反三。	成绩合格,基本掌握。	成绩较差,需要加强。

四、搜集"彩虹资源",开发整合英语教学资源

"彩虹资源"是指将与英语学习有关的资源进行分类整理,整合教学资源,整合学习资源,分类优化试卷库,利用微信公众号来提供资源共享,使英语教学更加科学高效。

(一)"彩虹资源"的开发整合

1. 整合教学资源,涵盖课件,试卷,教案等教学资源,在教研组内资源共享,共同提高。

2. 试卷库分类优化,将试卷库分为单元练习卷、每周检测卷、中期期末复习卷、重点错题卷四个大类。

3. 通过校本阅读材料整合学习资源。校本阅读材料要不断优化,不断更新,同时内容上还要涵盖对学生进行课程学习指导的语言点讲解,句型荟萃等语言语法学习资料;阅读的文章要囊括鲜活生动的英语时文,让学生既能了解世界又能增强英语阅读理解能力;同时还可以收录适合学生观看的英文动画及影片,提升学生的英语学习兴趣;每个单元开辟一个英文歌曲天地,丰富学生的生活。

4. 创建"英"你绽放——小学英语学习微信公众号,将整合好的教学资源及学习资源放在网络上供全校师生共享。

(二)"彩虹资源"的评价要求

"彩虹资源"的重点是通过对网络资源的学习和培训,加强教师队伍的网络资源建设,旨在培养学生的学习兴趣和英语实际运用水平。对"彩虹资源"的评价,首先要开展学科内的调查,了解教师对多媒体和网络技术的应用情况。其次,要通过有效利用网络教学资源,达到优化小学英语课堂教学的目的。整合网络教学资源,优化教学过程,提升学习体验,改进教学方式。最后,要研究在网络教学的环境下,学生英语学习的有效性,以及如何有效培养学生运用英语进行交际的能力。

五、建设"彩虹团队",发展教师个人教学特色

"彩虹团队",要求英语教研组全组明确专业素养发展的共同目标:在原有的专业基础上,继续学习,不断更新,鼓励青年教师攻读英语教育硕士,并加强组内外、校内外相互的交流和学习,提升全组教师的知识素养和教育素养,使每位教师都具备较强的

教学和科研能力。同时还要明确英语教研组全体教师的个人目标：能以教研促教学，遵循科学规律，有自己明确的教学主张，形成自己鲜明有特色的教学风格。

（一）"彩虹团队"的建立发展

1. 制定教师个人的发展规划，根据每位教师的教学经验、教学风格，对每位教师的特点进行分类梳理，提出明确发展目标。我们的基本计划是从低教龄教师发展为一般教师，然后努力成长为团队中的骨干教师，再由骨干教师发展为特色教师，最后成长为优秀的具有带头模范作用的品牌教师。

2. 改革教研团队的活动模式。我们努力探索高效的教研模式，形成制度化，系统化，规范化。在以往教研模式的基础上，改变单一的研讨模式，根据阶段教学内容、教师实际、学生实际，建立以骨干教师为核心的学科研究团队，通过教学论坛、沙龙等形式在教学新思想、新方法、新经验上深入进行了卓有成效的探索，并通过骨干教师的课堂展示、青年教师的教学磨课等形式提升教学力，加速青年教师的成长。

我们的基本计划是教研组长每周开放一节开门课，让组内青年教师有机会随时聆听学习，然后教研组长每学期进行一节主题明确的英语示范课的课堂展示和两次有针对性的教学讲座。组内英语老师则要每学期进行至少一次的磨课活动，同时每年还要有一篇教学论文参加区级以上的科研论文评选。

3. 展示教师队伍的教学风采：定期将英语组内的教师教学展示汇报、指导学生获奖情况、教师个人获奖、教育教学论文撰写等能体现教师风采的内容在英语组微信公众号——"英"你绽放中展示。

（二）"彩虹团队"的评价标准

教师首先明确自己的发展目标，实行分级发展制度，让每位教师都在原有程度上有一定的提升。通过让教师制定个人发展规划，督促每位教师认真研究"备-讲-辅-批-考"五个教学环节，使教师在英语教学上针对不同年级、不同班制，从听说、阅读、读写、文化四个方面找到自己的优势，形成自己的特色，彰显本学科优势。

随着学校的不断发展,学校办学水平的不断提升,以及英语学科基地建设的全面推进,小学英语组作为学校的基层组织,组内提出的"彩虹英语"学科理念得到了市、区、校级领导的一致认可。小学全组英语教师以全面推进学生核心素养为教育目标,以新课标为基调,全组教师发扬"勇于创新,乐于奉献"的精神,善思善行,努力打造有特色的专业化教师队伍。

(撰稿者:温利华)

第四章

活力语文：让学习充满生机与活力

语文课程应激发和培育学生热爱祖国语文的思想感情，引导学生丰富语言的积累，培养语感，发展思维，使他们具有适应实际需要的识字写字能力、阅读能力、写作能力、口语交际能力。"活力语文"立足学生身心发展和语文学习的特点，关注学生的个体差异和不同的学习需求，爱护学生的好奇心、求知欲，充分激发学生的主动意识和进取精神，倡导自主、合作、探究的学习方式，语文课程应该是开放而富有创新活力的。

依据《义务教育语文课程标准(2011年版)》,为了切实培养学生的语言文字运用能力,提升综合素养,为学生的全面发展和终身发展打下基础,提升教师队伍的综合实力,提高语文学科的教学质量,进一步提升我校的办学品位,学校推行"活力语文"特色建设,通过我们的努力,语文课堂生机勃勃、活力四射,各方面都取得了显著的成效。

第一节　团结向上的活力团队

初中语文教研组是一个儒雅与活力并存,传统与时代共融的教研组。现有中青年教师8人,其中高级教师1人,中级教师5人,新进年轻教师2人。教研组实行组长总负责,年级备课组长协助的管理机制,各成员间互帮互助,和谐上进。

一、团结和谐的氛围

中学语文教研组是一支敬业的队伍,教师们虚心学习、教风优良;语文组是一个快乐的集体,教师们热爱生活,在母语教学的精神乐园里诗意地栖居;语文组是一个和谐的团队,老中青和睦相处,其乐融融。

二、个性鲜明的特色

教师在一线教育教学中积累了不少行之有效的经验和方法。每个人都有自己的独特的绝活:程梅老师是这个团队的掌门人,幽默诙谐的语言配合丰富的肢体动作,让她的课堂总是欢乐不断;吴慧芳老师循循善诱的教学风格,颇具亲和力;李长君老师任劳任怨、勤学好问,狠抓基础,毫不懈怠;吴晓艳老师和学生同写一篇作文,互相欣赏,其乐无穷;程晓萍老师对课外文言文的拓展有自己的独门秘籍;张强锋老师上课干脆利落绝不拖泥带水；闫文丽老师事无巨细，狠抓细节；刘佩宁老师生动形象、魅力四射的课堂语言，让学生想不爱都难。

三、品牌教师的引领

中学语文组现有品牌教师 1 名，在品牌教师的引领下，全组教师积极开展教学研究，不断更新教学理念，积极开展组内以及与姊妹学校的"同课异构"活动，通过集体备课、说课、磨课、听课、课后反思等形式，促进全组教师教学能力的提高。每位教师都有自己专属的特色课程，在教学实践中不断地摸索完善，积累了宝贵的特色课程资源。

四、教学成绩的突破

教师们注重教师和学生的双重积累，注重教学与教研双管齐下，讲究教学的长效性、连续性、系统性，多年来语文组本着"减负增效"的教学理念在教育教学中效果显著。近几年中考，语文成绩进步显著。

第二节 开放创新的活力理念

《义务教育语文课程标准(2011 年版)》提出：语文课程应该是开放而富有创新活力的。应当密切关注学生的发展和社会现实生活的变化，尽可能满足不同地区、不同学校、不同学生的需求，确立适应时代需要的课程目标，开发与之相适应的课程资源。[①] 我校针对性地开展了活力语文特色课程开发与实践活动，真正实现了"活力语文，让语文学习充满生机与活力"。

---

① 中华人民共和国教育部. 义务教育语文课程标准(2011 年版)[M]. 北京：北京师范大学出版社，2012：4.

一、学科性质观和价值观

语文是最重要的交际工具,是人类文化的重要组成部分。工具性与人文性的统一,是语文课程的基本特点。语文课程应致力于学生语文素养的形成与发展。语文素养是学生学好其他课程的基础,也是学生全面发展和终身发展的基础。语文课程的多重功能和奠基作用,决定了它在九年义务教育阶段的重要地位,我们的活力语文特色课程让语文学科更加开放而富有活力。

二、学科核心理念

活力语文课程是开放而富有创新活力的。在实施过程中,我们密切关注学生的发展和社会现实生活的变化,尽可能满足不同地区、不同学生的需求,确立了适应时代需要、与时俱进的课程目标,开发与之相适应的丰富多彩的课程资源,形成了相对稳定而又灵活的实施机制并不断地自我调节、更新发展。

(一)活力语文注重书香环境的创设

结合读书节等活动,充分利用学校的墙报、板报、图书角、电子显示屏等,让每一面墙会说话,营造了良好的活力语文学习氛围,让图书进班,让学生走进图书馆、阅览室,让学生与书近距离接触,与文学大师面对面对话,提升了文学修养,丰富了学习生活。

(二)活力语文注重精致课堂的打造

引进时代"活"水,凸显课堂生命的灵动。语文课堂教学不应将目光局限于一本教材和一本教参,始终在教材教参的固定知识点中停滞不前,而是要放眼全球,眼观六路,耳听八方,真正做到"风声雨声读书声,声声入耳,家事国事天下事,事事关心"。把心灵的触角伸向时代生活各领域、引进源头活水。让语文教学具有延伸性、拓展性、鲜活性、灵动性。

(三) 活力语文注重特色课程群的建设

语文的教学空间,不应"蜷缩"在狭小的教室、教材、教参、教辅,它完全可以迁移到图书馆、阅览室、家庭、社区、田野,还可借助报刊、杂志、网络等等。激励引导学生积极策划和参加丰富的课外实践活动,如辩论、演讲、主持、课本剧、美文共赏、创办手抄报、成立文学社团、开展专题研究等等。走大语文路线,让语文学习充满了活力,充满了生命力,凸显语文课程的魅力!

第三节 指路导航的活力目标

《义务教育语文课程标准(2011年版)》提出:在语文学习中认识中华文化的丰厚博大,汲取民族文化智慧。关心当代文化生活,尊重多样文化,吸取人类优秀文化的营养,提高文化品位。培植热爱祖国语言文字的情感,增强语文学习的自信心,养成良好的语文学习习惯,初步掌握学习语文的基本方法。在发展语言能力的同时,发展思维能力,激发想象力和创造潜能。能主动进行探究性学习,在实践中学习、运用语文。[1] 结合学校现状及建设愿景,初中语文学科开展了活力语文特色课程的开发与实践,力争为学生语文素养的提高指路导航。

一、学科课程建设目标

着眼于语文素养的整体提高。构建了"活力语文"特色课程群,通过学习汉语知识及规律,提高母语运用能力;渗透人文思想关怀,提升民族文化素养。把语文的工具性

---

[1] 中华人民共和国教育部. 义务教育语文课程标准(2011年版)[M]. 北京:北京师范大学出版社,2012:6.

和人文性真正有机结合起来,根据学生兴趣特长、心理特点和已有的语文知识储备等,因势利导地开展个性化的语文教育,促进教师和学生的共同发展,力求让每一堂语文课都充满未知与好奇。循着大语文路线,做到与时俱进,充分挖掘个人潜力,渗透人文情怀,为学生语文素养的提高指路引航。

二、学科教学改革目标

构建"活力语文"特色课程模式:提倡个性化教学,关注学生的个体差异和不同的学习需求,尊重学生学习过程中的学习体验,让语文课堂呈现"百花齐放,百家争鸣"的鲜活景象,彻底摈弃教师"一言堂",学生人云亦云的沉闷现象。

三、学科团队建设目标

教师团队建设总体目标:有良好的师德和对语文教育的热爱之心,能不断提高自身的职业道德,成为广大学生的良师益友;有较好的文学修养和文化底蕴,有较丰富的学识;有扎实的语文专业功底,全体教师都必须具备本科学历,鼓励青年教师攻读语文专业或教育专业硕士学位;有较强的实施语文素质教育的能力,教师都能熟悉中学语文学科体系和基本的教育学心理学知识,有良好的语文专业素养和学科技能;有较强的教研科研的能力,能参与课题研究。

教师发展目标:功底扎实,学识渊博;团结协作,教学有特色,课堂有活力;教学相长,不断探索。在课程改革的实践过程中,促进语文教师树立新的教育观念,提高语文教师教学、科研、信息整合等专业水平,壮大语文骨干教师的队伍。

按照未来规划,要求工作3—5年内新教师能够胜任语文教学,提高教学效率;骨干教师能够引领语文教师的教科研方向;老教师能够总结已有经验,并且与时俱进,不断提高教学水平,能够指导青年教师在教学大赛中脱颖而出。

四、学科学习质量目标

在活力语文课程观的引领下,帮助学生掌握初中语文学习方法,主动进行探究性学习,在实践中学习、运用语文。不断整理归类各种文体知识,形成学生的知识体系,指导学生学会大声朗读、个性阅读、真情写作。初中语文成绩总体在闵行区有明显提升,中考成绩稳进第一梯队,使全体学生整体语文素养达到优良水平,让有特长的学生得以个性健康发展,在各级各类比赛中取得好成绩。

第四节 活力四射的语文学习

《义务教育语文课程标准(2011年版)》提出:语文教师应高度重视课程资源的开发与利用,创造性地开展各类活动,增强学生在各种场合学语文、用语文的意识,多方面提高学生的语文素养。[①] 我校初中语文学科团队针对性地开展了一系列的活力语文建设活动,多管齐下,推动语文教学的综合发展,提升学生的语文学习品质,提高学生的语文素养。

一、构建"活力课堂",推进学科教学深度转型

"活力课堂"重视语文潜移默化的熏陶感染作用,注意教学内容的价值取向,同时尊重学生在学习过程中的独特体验。着重培养学生的语文实践能力,让学生更多、更直接地接触语文材料,在大量的语文实践中体会、掌握运用语文的规律,不刻意追求语

---

① 中华人民共和国教育部. 义务教育语文课程标准(2011年版)[M]. 北京:北京师范大学出版社,2012:34.

文知识的系统和完整。

（一）转变新型教师角色

教师已经由过去所倡导的"传道、授业、解惑"者，转变为课程的探索者、文化的传播者、活动的组织者、学习的合作者、智力的开发者和创新能力的培养者。

（二）建构大语文教学观

语文教学打破了封闭的学科体系，更加看重知识的纵横联系，更加关注当代的文化生活，更加尊重多元的文化背景，做到从语文到文化、文史哲的和谐统一，树立大语文的教学观。

（三）统一学科工具性和人文性

在语文教学中夯实"双基"，让学生通过阅读实践去整体感悟，体验情境，把握意蕴，品味语言，积累知识，提高语文知识的综合运用能力，使语文教学由浅入深，循序渐进，达到听说读写能力的整体发展。

（四）倡导探究式学习

教师不再是课堂的主角，而是课堂活动的组织者和参与者，积极推行自由、平等的课堂对话活动，实施自主、合作、探究式学习。

（五）探索课堂教学策略

课堂教学充分践行我校"成长无限快乐"的教育理念，将目光关注到每一个不同的个体，备课预设到学习个体，课堂活动关注到学习个体，分层作业力求照顾到学习个体。

二、 开发特色课程体系

学生是学习和发展的主体,活力语文课程的开发特别关注学生的个体差异和不同的学习需求,爱护学生的好奇心、求知欲,充分激发了学生的主动意识和进取精神,倡导自主、合作的探究性学习方式。教学内容的精准把握,教学方法的适切选择,评价方式的多样融合,都有助于探究性学习方式的形成。

(一) 诗歌"飞花令"

利用课前五分钟按学号请一位同学分享自己积累的诗句;举办"飞花令"活动,老师说关键字,学生回答诗句,开展诗句接龙活动;同时进行"飞花令"手抄报评比。

(二) 写作指导:分板块叙写,循序渐进

1. 六年级:培养写作兴趣,以续写或改写课文故事为切入点,培养写作想象能力;
2. 七年级:在阅读教学中,模仿课文的语言表达、谋篇布局,积累创新;
3. 八年级:重视课堂阅读教学的延伸,在生活中做个有心人,达到情文合一;
4. 九年级:明确中考对作文的要求,熟练掌握考场作文的行文技巧。

(三) "课本剧"欣赏与表演

以课文内容为依托,把课文的叙述和描写作为表演的依据,通过表演,再现文中的人、事的本来面目。表演时,学生除了直接引用课文中的对话外,还需揣摩课文中人物的动作、神态等并将其表演出来。由于学生个性的差异,不同的学生会有不同的理解与表达,一千个人眼中有一千个哈姆雷特,积极地促进学生的自主性和创造性的发挥。在拓展延伸式课本剧教学中,学生需要根据课文内容进行拓展延伸,亲自设计故事情节的发展、人物语言、动作、神态等,对学生展现自我和创造力的发掘有很大的作用。一年一次的课本剧汇演,无疑是一次穿越时空的经典演绎,一场经典名剧

的饕餮盛宴。

（四）演讲与口才。训练学生的朗读、演讲等综合能力，学习沟通与表达的技巧，增强自信

1. 集体训练、实践。全体成员共同参与某一训练，班级座位可以排成各种形式，不拘泥于直线形式，练习时大家一起行动，力求整齐划一。

2. 分组训练、实践。把学生分成人数相当的几个小组进行训练、实践。这种方法在实践训练中比较实用，便于学生化整为零进行训练，有利于激发小组之间的竞争意识。

3. 教师设计、组织、主持。本着人人参与的原则，教师是整堂课的设计者，是导演，可以"冷眼旁观"每位学生的表现，给予相对客观的评价。

4. 学生设计、组织、主持。校本课程是为学生的发展开发的，学生对设计教学内容，教学步骤有着浓厚的兴趣，教师提供一定的目标、内容，让学生挑选擅长或感兴趣的项目设计活动、情境，给予他们充分参与课程设计的权利，不仅调动了学生的积极性还给他们搭建了一个施展才华的舞台，一举多得。

（五）文言文赏析

基本文言实词、虚词的认识、浅显文言文的阅读赏析、一定难度文言文的阅读赏析、较难文言文的阅读赏析等，学生先预习所授文言篇目，课堂上教师对重点实词、虚词、句式进行讲解、分享网络上文言文的精彩讲授视频。

（六）古诗词鉴赏

通过教师的要点讲解，使学生了解中国古典诗词的发展脉络，激发古诗词诵读兴趣；储备历史典故，拉近阅读距离；掌握古诗文知识之"道"，让背诵游刃有余。欣赏经典诵读，掌握有效方法：调动感官，培养语感；在理解的基础之上背诵，眼前有画面，心里有形象。

（七）我是神辩手

通过教师讲解，使学生了解辩论的规则及相关知识；通过观看视频，使学生了解赛程；通过辩论会的实战演练，使学生活学活用。

（八）课堂外的语文

采取教师讲解与学生讨论、交流相结合的方式，借助实物、图片等进行适当讲解和点评。通过组织学生讨论与交流，使学生懂得如何欣赏他人及其作品，如何提高评价及写作技巧。

三、挖掘活力语文的内涵

积极开展各种初中语文特色活动，让丰富多彩的语文课外活动真正成为学生的第二课堂，让初中语文学习熠熠生辉。

（一）手绘小报

每逢中国传统节日或主题活动让学生查阅资料，了解传统节日或活动背后所体现的浓郁的中国文化，制作成手绘报，展示传阅。

（二）编辑个人作品集

学生在老师的指导下，将一学年的作文随笔整理、修改打印，装订成册，自己设计封面，制作成一本个性化十足的作品集，成就感十足。

（三）制作剪报

将日常看到的报刊杂志中的美文剪贴，或进行点评、或发表感受、或写梗概，坚持下去，收获颇丰。

(四) 撰写读书笔记

记录每周的阅读书目、阅读内容或阅读感受、阅读赏析等，让阅读成为习惯、成为日常。

(五) 成立"向日葵"文学社团

通过文学社传授有关作文知识，开发作文资源，有计划、有步骤地开展丰富多彩的写作活动，让《向日葵》成为复旦万科实验学校的文学刊物，激发学生的写作兴趣，培养写作能力，从而提高学生的语文素养。

(六) 举办"汉语言文化节"

结合校读书节，举办汉语言文化节，分年级分主题进行策划实施。弘扬母语文化，凸显语文学科的工具性和人文性特征，加强学科建设，激发学生学习语文的热情，锻炼学生的语文综合实践能力，陶冶青少年健康向上的情操，构建和谐活跃的校园文化氛围。

四、完善活力语文特色课程评价

(一) 促进人文素养提高的评价目的

进一步提高学生的语文审美能力和探究能力，全面提高学生的语文素养。课程评价突出了整体性和综合性，从知识和能力、过程和方法、情感态度和价值观几方面进行全面考察。

(二) 诊断、激励和发展的评价功能。

课程评价具有检查、诊断、反馈、激励和发展等多种功能，正确合理的评价能真实地了解学生的学习状况和学习过程，准确地判断学生的学业水平与发展需求。活力语文特色课程首先充分发挥其诊断、激励和发展的功能，重在激发学生的热情；也有利于教师发现学生学习上的优势和存在的问题,反思自己的教学行为,不断调整和完善教学过程,促进自身的发展。

(三) 丰富多元化的评价主体

活力语文课程评价一方面尊重学生的主体地位,指导学生开展自我评价和促进反思,另一方面要创造各种条件让同伴、家长等参与到评价之中,使评价成为学校、教师、学生、同伴、家长等多个主体共同积极参与的互动评价。

五、助力青年教师优速成长

(一) 活力语文的专业阅读

每位语文教师结合自己的教学风格及学生实际情况,每学期都要制定自己的专业阅读计划,并通过卓有实效的工作付诸实施,让自己的课堂,让自己的学生在全面发展的基础上有特色的展现。每位教师每个学期至少读一本专业书籍,不断提升自己的专业素养,将书本知识与教学实践巧妙结合,学以致用,活学活用。

(二) 活力语文的公开课

每学期以年级组为单位至少讲授一堂活力语文特色课程的公开课,并评课交流。上一节好课,写一篇代表自己最高水平的教学设计,写一篇课堂教学教后感,写一篇课改论文或教学经验心得等。

(三) 活力语文校本研修

组织教师在学习中提升自我,以集中学习与分散学习相结合,进行语文教育理论学习,要求教师利用空余时间读书学习,并要求做好笔记。以年级组为单位,每一单元课文集体备课一次,总结交流上一单元的经验,并开展下一单元的备课。开展各类课型的课堂教学展示与评比,包括专题阅读教学课、复习课、写作指导课、作文讲评课、综合实践活动课等。积极开展各项比赛:教师读书笔记的评比、教师书法比赛、师生同题作文比赛、教师演讲比赛、教师辩论赛等。以上活动,不仅提高教师的综合实力,也活跃了团队气氛。

(四) 活力教师结对子

新老教师结成对子,就教育教学中出现的各类问题共同探讨,齐头并进。

六、丰富语文学科学习资源

搜集整理每个版块的典型题目、各种检测题、小试卷等,建设语文题库;整理本组教师的公开课教案、课件等,建设优秀教案课件资源库;分类收集各种音频、视频资源,充实学科资源库;分类收集相关教育教学理论文章,作为教师学习、研究、交流的理论资料库。重视文本资源的整合和利用,实现优势互补与资源共享;结合学校项目组工作,编写特色课程校本教材,进一步总结得失,为日后的特色课程教学打下坚实的基础。

七、提升学生学习品质

结合学校的个人目标和"三类生培养"活动,建立学生过程性学习档案,关注每一个学生的成长过程,并且根据学生的过程性学习档案制定相应的对策,给予学生行之有效的学习方法指导。

学生在阅读中遇到实际问题,例如如何选择读物,如何快速浏览,如何摘读跳读,如何精略结合,如何做读书笔记等等,教师作适时指导点拨。特别重视指导做读书笔记的方法,比如"圈点批注"法、分门摘录法、提纲挈领法、写心得体会法、归类记录法等,指导学生写读书笔记、制作卡片、剪报、编索引。这些技巧方法上的点拨会使学生的阅读效果显著提高。

将学生语文阅读与活力语文活动联系起来,阅读时学生不仅仅可以读,还可以设计阅读内容的活动过程。为了进行设计,必将促进学生更深入地阅读,更好地把握阅读的内涵,而活动又是对阅读的一种体验和检验,学生可以获得设计成功的喜悦,也可发现阅读中的不足,反过来可以促进学生进行第二次阅读。我们用"活力语文"的理念,指引师生共同成长,走出了一条有复旦万科特色的活力语文学科建设之路,为学生语文素养的提高和终身学习探路导航。

"活力语文"特色课程的开发与实施使学生走出封闭的教室,摆脱教材教辅题海的束缚,沉浸书海,醉于经典,敢于陈述,善于表达,真正感受到语文的特有魅力。在未来的语文教学中,我们将继续探索,深入研究,博采众长,不断提升,与学生一起,热爱语文,享受语文。

(撰稿者:程梅)

第五章

趣味数学：让学习妙趣横生

教育的根本目的就是使学生得到全面、可持续的发展。即从单纯的注重知识的传授转变成注重能力的提升。以趣味为抓手，着力打造"趣味数学"不失为上上之策，教师通过改变教育思想、教学方法、教学活动，让学生学会运用数学知识，科学地分析、处理、解决生活中的问题，在培养学生数学能力的同时，激发学生学习数学的兴趣。

第一节 学思并重的教研团队

随着初中数学教学改革的不断深入,我校初中数学组全体教师以饱满的热情、积极的工作态度、高效率地投身到数学教学的第一线。我们在更新观念上下功夫,在探索新模式上做文章,在教育教学反思上倾注心血,自始至终致力于提高数学教师的教学水平和学生的数学学习兴趣,打造出了一支教学一流、水平颇高的教科研团队。经过几年来的教学实践,在教育教学研究方面取得了不斐的成绩。

一、浓郁的教研氛围

积极开展教研活动,不断提高师资队伍水平,教研组内每周定时定点组织听课、评课、理论学习。会上,每位教师结合自身近期教学实践,交流在教学过程中遇到的问题,并一起探讨解决问题的办法。通过这种常态化、周期化的教研活动,带动全组教师共同成长,一起进步。

二、优质的教师团队

骨干教师引领全组教师大力开展教学研究,不断更新教学理念,积极开展新型授课的教学研究,探讨有效课堂教学的模式。通过公开课的点评、论文撰写、论文交流等形式不断促进全组教师教学能力的提高。

青年教师肯钻研,爱学习,不仅向经验丰富的老教师学习,而且拓展学习渠道,在网络中,在实践中。尽管教学任务繁重,还能积极参与继续教育的学习,不断增强自身业务能力。

三、前沿的教学理念

前沿的教学理念是通过适切的教学方式、方法得以体现。我校以"成长无限快乐"为教学理念,寓教于乐、以乐促学,为学生创设一种快乐、轻松、和谐的学习体验。在新课改的形势下,我校初中数学教研组不断探索并采用符合中学生数学学习的教学方式,强调师生共同活动,克服以教师为中心的倾向,激发学生的兴趣,变封闭型教学为开放型教学,从而让学生真正体会数学学习的乐趣。

四、得力的教研保障

学校每年组织教学成果展示活动,并邀请区教研员参与听课、评课等研讨活动,同时,每年一次的区教学质量监控,让我们充分了解与兄弟学校之间的差异,教研员在此基础上进行针对性指导,进一步把控教学质量,避免偏离教学大纲。数学教研组一直着眼于培养学生用数学的眼光看世界,用数学的方法科学地处理问题、分析问题和解决问题,经过不断探索,依据多年一线教学经验,开发出一套符合学生基本认知能力的特色课程,用来激发学生学习数学的兴趣,培养学生数学能力,从而实现从"数学教学"向"数学教育"的转变。

第二节 回归本真挖掘趣味内涵

课程愿景引领课程方向,基于《义务教育数学课程标准(2011年版)》,数学组深入研究、领悟数学课程标准,结合教学实际和学生已有的认知能力,着重对趣味数学和应用数学开展深入的研究与实践,目的在于让学生经历数学的抽象、探索和应用的趣味,体验数学学习的"其乐无穷"。

一、学科性质观和价值观

《义务教育数学课程标准(2011年版)》中明确指出：数学是研究数量关系和空间形式的科学。① 义务教育阶段的数学学习，学生能获得适应社会生活和进一步发展所必需的数学的基本知识、基本技能、基本活动经验；体会数学知识之间、数学与其他学科之间、数学与生活之间的联系，运用数学的思维方式进行思考，增强发现和提出问题的能力、分析和解决问题的能力；了解数学的价值，提高数学的兴趣，增强学好数学的信心。② 结合初中阶段的学生爱思考、爱提问、爱表达的特点，将数学课程理念定位在"趣味数学"这一层面，着力提高数学的趣味性和创新性，用以增强学生对数学学习的热情。

二、学科核心理念

孔子曰：知之者不如好之者，好之者不如乐之者。这句话充分地揭示了兴趣是最好的老师，在数学学习中，如果能够有良好的兴趣，那必将是学生学习数学、探索数学的强大动力，使数学学习充满活力与生机。经过长期的教学实践，我校以坚持发展和提升学生数学素养、培养学生学习数学兴趣、启发学生数学思维为主线，明确提出"趣味数学"的课程理念，使学生在思考中、探索中快乐成长。

(一) 趣味数学重思想

义务教育阶段的数学课程，强调"教师教学应该以学生的认知发展水平和已有的经验为基础，面向全体学生，注重启发式和因材施教。教师要发挥主导作用，处

---

① 中华人民共和国教育部. 义务教育数学课程标准(2011年版)[M]. 北京：北京师范大学出版社,2012：1.
② 中华人民共和国教育部. 义务教育数学课程标准(2011年版)[M]. 北京：北京师范大学出版社,2012：8.

理好讲授与学生自主学习的关系,引导学生独立思考、主动探索、合作交流,使学生理解和掌握基本的数学知识与技能,体会和运用数学思想与方法,获得基本的数学活动经验"。[①] 在教学实践中,让学生参与探究活动,经历实际问题是如何抽象成数学模型,逐渐培养学生把实际问题转换成数学思想的过程,从而获得对数学的理解。

(二) 趣味数学重应用

数学源于生活,应用于生活。数学存在的意义就是解决生活中的实际问题,教师们在学生掌握一定知识与技能的基础上,鼓励学生在生活中多动脑、勤思考,把数学的思维带到生活中,处理和解决生活中的实际问题。

(三) 趣味数学重趣味

兴趣是最好的老师,是学习的动机和动力。在学习活动中起到了非常重要的作用。在数学学习中,好的兴趣更是学生勇于探索、勇于实践、勇于质疑的强大动力。因此在教学中,教师们把对学生数学兴趣的培养放在首位,让学生体会数学学习的生动有趣。

(四) 趣味数学重发展

教师在教授数学学科时,不仅关注数学学习的趣味性,更关注数学思维能力的培养,在知识与技能、过程与方法、情感态度与价值观方面建立多元化的教学目标。教师不仅要关注学生解决问题的结果,更要关注学生的思维过程,把过程和结果放在同等位置上,为培养学生的数学素养打好稳固的基础。

---

① 中华人民共和国教育部. 义务教育数学课程标准(2011年版)[M]. 北京:北京师范大学出版社,2012:3.

第三节　夯实学科基础，着眼素养提升

一、学科课程建设目标

在特色课程建设中，针对初中生年龄特点和学习规律，实施以课堂教学为基础，加强数学教学改革为重点，着力提高每一位学生的数学学习能力，激发学生学习数学的兴趣，掌握数学的学习方法，丰富学生的数学体验。我们在各年级开设校本课程，形成配套的校本课程教材，丰富学生数学学习的课外资源，发展学生的个性，使得"人人都能获得良好的数学教育，不同的人在数学上得到不同的发展"①。

二、学科教学改革目标

数学组参与区中小学课堂教学优化的研究实践，深入关注教学的各环节，引导教师关注自身的课堂教学行为，减少无效的教学行为，以提高课堂的有效性。所有成员积极参与个人小课题研究，不断开展教学改革实践活动，提高教学科研的能力。

《义务教育数学课程标准（2011年版）》在教学内容中设置了"综合与实践"，它是数学课程中的一个崭新的领域，是以问题为载体、以学生自主参与为主的学习活动。在学习活动中，学生将综合运用"数与代数""图形与几何""统计与概率"等知识解决问题。数学组将开展"综合与实践"课的课堂教学研究，这必将进一步更新全组老师的教学观念，突出学生的主体地位，促进学生主动参与数学学习。

---

① 中华人民共和国教育部.义务教育数学课程标准（2011年版）[M].北京：北京师范大学出版社，2012：2.

三、学科团队建设目标

数学组要打造一支高水平专业化的师资队伍,积极搭建学科教师专业发展的平台,提升教师驾驭课堂教学、实践课改的能力,提高数学组在区内的知名度。对教师个人而言,争取 5 年内培养 1 名学科带头人和 2 名优秀青年教师,着力提高全组教师的业务水平,提高数学学科教学质量。

四、学科学业质量目标

学生通过 4 年的数学学习,能获得适应社会生活和进一步发展所必需的数学基础知识、基本技能、基本思想、基本活动经验;能体会数学知识之间、数学与其他学科之间、数学与生活之间的联系;运用数学的思维方式进行思考,增强提出问题、解决问题的能力;了解数学的价值,提高学习数学的兴趣,增强学好数学的信心,养成良好的数学学习习惯,具有初步的创新意识和实事求是的科学态度。学生掌握数学学习的方法,获得良好的数学教育,数学成绩在全区保持领先的地位;有特长的学生能够在数学联赛中获得佳绩,同时涌现出一大批热爱数学、勤于钻研数学的优秀少年,在数学学习中不断汲取自信与力量,实现个人的成长和蜕变。

第四节 "四举"并施,升级学习系统

依据《义务教育数学课程标准(2011 年版)》的学科目标和趣味数学的课程理念,我们开发和丰富了数学学科的拓展型课程,构建了与沪教版数学教材相互补充、相互促进的课程体系,在适应学生的认知能力的基础上,满足学生的个性发展需求。"趣味数学"从

四个方面进行了课程实施,即:趣味课程群、趣味课堂、趣味社团、趣味方法与指导。

一、建设"趣味课程群",丰富学生课程框架

(一)"趣味课程群"构建与实施

"趣味课程群"包括:"数学家的故事""数学思维漫谈""身边的数学""好玩的数学游戏""让图片动起来"五大课程类别。老师可以根据学生不同的年龄特点、不同的认知能力,开设不同时段的课程,每类课程每学期共计12课时。通过不同方式进行授课,提高学生学习数学的兴趣,激发学习潜能,全面提高学生的数学素养。

(二)评价要求

1. 评价目标。从以下几方面对课程展开评价:一是知识与技能方面是否得到提高;二是过程与方法是否具有趣味性和发展性;三是自学能力、合作能力、勇于质疑、勇于思考方面是否得到增强。

2. 评价方式。采用学生自评与互评、老师评多位一体的评价方式。一是学生自评和同学互评应依据老师提前设定的评价细则开展实事求是的评价;二是老师根据学生的课上以及课下的表现进行评价。具体评价表格如下。(见表5-1)

表5-1 "趣味课程群"评价表

评价维度	评价要点	评价结果	
		学生评价 (10分)	老师评价 (10分)
知识与技能	明确本课的重点,突破难点,解开疑点,学生获得知识。		
过程与方法	积极参与问题的讨论,用不同方法处理问题,注重在过程中提升学习兴趣,根据学科特点注重学习方法的总结。		
综合能力	自学能力、合作能力得到提升,勇于质疑,善于思考。		

（三）评分细则

具体评分细则表格如下。（见表5-2）

表5-2 "趣味课程群"评分细则

9—10分	对课程的知识点掌握非常熟练，能灵活地处理本课程中同一类型下的不同问题，善于总结，能做到融会贯通，对进一步研究与学习产生极大的兴趣。
6—8分	对课程的知识点掌握比较熟练，能处理同一类型下的不同题目，能独立完成课堂任务，学习兴趣浓厚。
3—5分	对课程的知识点掌握得不够熟练，在老师的帮助下基本能完成任务，不能独立完成课堂任务，面对学习，不排斥也不积极。
0—2分	对课程的知识点掌握得很差，无法独立完成学习任务，能力几乎没有得到提升，对该课程有排斥心理。

二、构建"趣味课堂"，推进课程教学改革

"趣味课堂"是培养学生应用意识的载体，有助于培养学生的创新意识和建模意识。"趣味课堂"的研究不仅有利于学生的发展，也有利于教师的成长。因此，我们积极探索各类型课堂教学的基本模式。在开展诸如新授课、练习课、复习课、试卷讲评课等主要课型的研究基础上，又进一步开展课题学习课、综合实践活动课的教学研究，把教学中最难出彩的内容拿出来，集中集体的智慧，研究重难点的突破方法，形成一定的教学模式，增强课堂的趣味性，切实提升课堂教学的有效性。

（一）"趣味课堂"的实施

一是结合实际，激发学生兴趣。课堂要立足于学生已有的知识水平，围绕着学生感兴趣的素材展开，点燃学生爱思考、爱质疑的热情，激发学生的学习兴趣。如：在研究分段函数在实际问题中的应用时，学生对解决出租车司机对不同里程的计费方式产生了极大的兴趣，由此展开讨论。

二是互相交流，积极质疑。课堂上，通过小组合作、小组讨论的方式，对老师抛出

的问题积极大胆地质疑、猜测、深入思考,体验小组合作的乐趣。如:学生大胆提出出租车司机在计费时为什么车费和行驶里程数不成正比例关系?并由此引发思考,学生进一步发问:车费和行驶里程数有什么关系?并猜想:不同里程数的计费方式可能不同。

三是成果展示,分享智慧。在小组内达成共识的前提下,重点对探究过程的自我纠正、自我反思、自我提高的过程进行分享。如:学生通过在实际中搜集数据、整理数据、小组讨论,最终得出出租车司机的计费方式是:首先是起步价,即3公里以内起步价16元;超出3公里至15公里,每公里按2元计费;超出15公里加收50%空驶费。小组绘制图像,班级内分享展示。

(二) 评价方式

采用教师自评、学生互评的方式进行评价,具体评价表格如下。(见表5-3)

表5-3 "趣味课堂"评价表

评价维度	评价要点	评价结果	
		教师自评(10分)	学生评价(10分)
学生的主体性	1. 依据学生已有的知识水平,考虑到学生真正感兴趣的问题,设置情境,激发学生的学习兴趣; 2. 依据学生的差异性因材施教,兼顾到各个层面的学生。		
知识的发展性	在探究过程中,体现学生的"发现问题-分析问题-提出问题-解决问题"。		
课堂趣味性	充分调动学生的积极性,课堂气氛活跃,每个人积极参与。		
知识的时效性	在各个教学环节注重知识的积累与评价。		
创新性	思维方法的创新型。		

（三）评分细则

具体评分细则表格如下。（见表5-4）

表5-4 "趣味课堂"评分细则

9—10分	课堂气氛非常活跃；学生能够主动发现问题、提出问题、分析问题，并解决问题；学生积极参与、畅所欲言。
6—8分	课堂气氛比较活跃；学生能够发现问题、提出问题、并能在老师的协助下解决问题；学生能够积极参与。
3—5分	课堂气氛不够活跃；学生在老师的引导下发现问题，并能自主解决问题；在老师的引导下参与活动。
0—2分	课堂气氛沉闷；在老师的引导下发现问题和解决问题；学生参与度低。

三、开设"趣味社团"，丰富课程形式

"趣味社团"是学生的兴趣特长得以张扬的地方，也是有同种兴趣的学生在一起探索问题的地方。"趣味社团"立足于数学学科特点，结合学生兴趣，在玩乐中学习数学。

（一）实施与操作

1. 与学生的兴趣特长相结合，学生自发组织课题，成立社团。如：在研究用相似三角形解决实际问题时，学生自发成立社团——测量我校教学楼的高度小组。

2. 设计活动方案，实施小组活动。如：小组约定分别在早上10点、下午2点测量当时人的身高、影长以及教学楼的影长，做好记录，并在两个时间点去分别计算教学楼的高度，发现高度一致，并得出教学楼的楼高。

3. 社团成果与评价展示。如：小组将不同时间段收集的数据进行整理、归纳、总结，得出利用相似三角形的知识可以准确测量建筑物的高度。

（二）评价与要求

"趣味社团"的评价围绕着活动内容和组织成员的参与。社团活动评价内容包括：

活动主题、活动资料、活动方案、活动过程、活动分工、活动成果六个方面进行评价。组织参与人员的评价包括：参与人员的主动性，参与人员在小组活动中的价值，参与人员与他人合作解决问题的能力三个方面。具体评价表格如下。（见表5-5）

表5-5 "趣味社团"评价表

评价要点	评价结果	
	教师自评（10分）	学生评价（10分）
活动主题新颖，活动资料齐全，活动方案完整。		
活动过程顺畅，活动分工明确，活动成果具有说服力。		
小组人员积极参与，在处理问题时各抒己见，充分发挥自己的想象力，共同解决团队遇到的问题。		
小组人员认真完成自己的任务，并对收集的数据认真整理、归纳和总结，为数据的真实性、有效性提供保障。		
小组人员遇到问题，积极提出质疑，组内讨论，共同解决问题。		

（三）评分细则

具体评分细则表格如下。（见表5-6）

表5-6 "趣味课堂"评分细则

9—10分	活动主题非常新颖，活动过程组员分工明确，积极配合，充分发挥每个人的价值，遇到问题积极讨论解决，成果展示极具说服力。
6—8分	活动主题比较新颖，活动方案完整，活动过程顺畅，活动成员分工明确，参与人员积极主动，与人合作，共同完成课题。
3—5分	活动主题不够新颖，有活动方案，在活动过程中分工不明确，活动成果不具有很强说服力，收集的数据不具有代表性，小组人员很少交流。
0—2分	活动主题不新颖，没有活动方案，无活动分工，数据收集不全面，小组人员参与度低。

四、推行"趣味指导",让数学学习饶有趣味

数学学习向来"几家欢喜几家愁"。为调动所有学生的学习积极性,培养学生良好的数学学习习惯,掌握恰当的数学学习方法,促使更多的学生喜爱数学,重视对学生数学学习基本方法的指导是十分重要的。

(一)实施与操作

古人云"授人以鱼不如授人以渔"。好的方法可以在处理问题时达到事半功倍的效果,教师依据多年的一线教学经验,对学生加以点拨,会让学生在解决问题的方法上得心应手,事半功倍。"趣味指导"主要从以下三个方面进行指导:"阅读资料指导","解题方法指导","逻辑推理的指导"。

1. 阅读资料指导。重视读法指导对提高初中学生的学习能力是重要的,教师指导学生学会读数学书的方法。预习时粗读、复习时细读、章节复习时研读。

2. 解题方法指导。教会学生审题。引导学生逐字逐句读题,寻找关键词,挖掘题目中的隐含条件。善于将问题转化为已经学过的或简单的问题,或者先将条件特殊化,再一步步寻找解题途径。

3. 逻辑推理指导。逻辑推理是把握事物和事物之间的内在必然联系,通过多角度去思考问题,全面的去考虑内在和外在之间的多种联系,逻辑思维能力对培养学生的思维具有重要的意义。

(二)评价与要求

从评价学生和评价教师两个方面进行。一是根据学生的平时课堂表现、作业展示、测试成绩、学习方法进行评价;二是根据学生课前预习、学生课堂表现、学生作业、学习习惯、学习方法等方面进行评价。具体评价表格如下。(见表 5-7)

表 5-7 "趣味指导"评价表

评价维度	评价要点	评价结果	
		教师自评（10分）	学生评价（10分）
课堂表现	积极参与问题的讨论，能够提出问题，发现问题，并能主动思考解决问题的方法。		
作业展示	作业完成质量高，卷面整洁，字迹工整无涂抹。		
测试成绩	基本能够达到课程目标水平。		
课前预习	课前积极预习，并利用网络、书籍查找相关知识。		
学习方法	学会自我总结，能够达到举一反三，触类旁通的效果。		

（三）评分细则

具体评分细则表格如下。（见表 5-8）

表 5-8 "趣味指导"评分细则

9—10分	课前主动预习，课上积极表现，踊跃参与，作业质量高，能紧跟老师的节奏，测试成绩突出。
6—8分	课上积极表现，参与度很高，认真完成作业，学习习惯好，测试成绩很好。
3—5分	课上参与度不高，作业基本能达到老师的要求，学习习惯一般，测试成绩不高。
0—2分	课上不参与，作业不符合老师的要求，学习习惯差，测试成绩差。

数学是思维的体操，数学教学要激发数学探究的兴趣，启迪学生的智慧。数学课堂应该充满火热的思考，洋溢奇妙的数学之美。每一个数学教师在唤醒学生潜能的同时也唤醒自己的潜能，通过充满智慧的课堂教学，展开丰富的教学实践，不仅为学生终生发展导航，也为自己书写鲜活而丰富的生命篇章！

（撰稿者：张羽平）

第六章

立体英语：造就更全面的你

基于英语课程具有工具性和人文性双重性质的特点，学校提出"立体英语"的学科理念，以"为学生提供个性化课程"为宗旨，提供丰富多彩的课程和活动，将情境教学从课内延伸到课外，构建注重学生体验的、开放式的、动态的课堂，以满足学生不同的英语学习需求，发掘英语潜能，培养具有国际视野的快乐学习者。

初中英语组现有教师9名,其中品牌教师1名,中学高级教师1名,一级教师2名。依据《义务教育英语课程标准(2011年版)》,为切实培养学生开放、包容的性格,发展跨文化交流的意识与能力,促进思维发展,形成良好的人文素养,提升教师有个性有视野的教学风格。我们以备课组为单位,开展听课、说课、磨课、评课等活动;积极筹备各种课内外主题活动;认真开展校内英语教研活动,积极参加市、区各项教科研活动,收获了不斐的成绩。学校推行"立体英语"特色学科建设,开展"立体英语课堂"的研究,取得了显著的成效。

第一节 求实进取的学科团队

中学英语教研组是由一群富有爱心、功底扎实、责任心强、积极进取的教师组成的。每位教师热爱教育事业,不断更新教育教学理念。教师们爱岗敬业,不怕苦,对待每一个岗位工作都认真踏实,提炼个人的教学主张,形成自己鲜明的教学特色。组内老、中、青梯队建设成熟,资深教师全心引领,青年教师积极好学。组内教师积极参与各类课题研究,通过以研促教的方式,不断提升个人专业素养,努力打造英语"活力"课堂。

一、团结协作的教师团队

组内大部分教师兼任班主任工作、组长工作,对待每一个岗位工作都认真踏实,教研组内老中青梯队分明,教学经验丰富,功底扎实,挖掘课程的能力较强。组内每位教师按照英语学科新课程标准要求,在教学理念、教学手段、教学过程、教学反馈、教学评价等环节自我学习和改进,在成就自我的同时,切实推进了全组的建设,全组上下一盘棋,整体联动,资源共享,集思广益,共同成长。

二、资深教师的全心引领

在英语组教学经验丰富的教师们的带领下,各备课组形成教师结对联盟,共同开展教学研究,不断更新教学理念。团结合作能力强,老教师能发挥传、帮、带的作用。我们积极开展"阶梯式阅读""单元统整"等课堂教学研究,探讨"英语课本剧课堂教学评价""中小衔接"甚至"初高衔接"的教学模式。通过开展公开课评课、文献交流等形式促进各备课组乃至全英语组老师教学能力的提升。

三、青年教师的虚心好学

英语组内中青年教师居多,他们对新的教学理念接受较快;对信息教学技术的运用熟练,教学方式和策略勇于创新,灵活多样。在平时的教学工作中,他们汲取新知识能力强,肯钻研,爱学习。在结对联盟中,青年教师总是向有经验的老师请教、学习,钻研琢磨,及时调整教学策略,改进教学方法。老师们积极参与校内外各项教学研讨,教科研能力得到了进一步增强。

四、教研氛围的和谐浓厚

组内每一位教师都有较好的学科素养,在平时的教学活动中,备课组统一教法和学法,并经常性开展听课、评课交流,共同提高。在校内外各项活动中,全组群策群力,踊跃发言,研讨氛围浓厚。每学期积极参加区级和校级的教学研讨活动,还会请区教研员等专家老师进行教学指导、学法指导,为我们青年教师在成长路上搭建良好的平台,也使我们英语组教师共同提升教学能力。

第二节 多元立体的学科教学

《义务教育英语课程标准(2011年版)》指出:义务教育阶段的英语课程具有工具性和人文性双重性质。就工具性而言,英语课程承担着培养学生基本英语素养和发展学生思维能力的任务;就人文性而言,英语课程承担着提高学生综合人文素养的任务。[①] 英语教研组提出"立体英语"的学科理念,期望在教学内容、方法、模式等方面进行改革,在培养学生英语综合应用能力的同时,增强自主学习能力、提高综合文化素养,从而实现全面发展,培养参与国际性竞争的复合型人才。所谓"立体英语",就是以学生为主体,拓展教学内容,创设教学环境,构建多元互动的立体化英语课堂,在提高学生英语语言能力的同时,将其培养成全面发展立体式社会需要的人才。

一、学科性质观和价值观

《义务教育英语课程标准(2011年版)》指出:义务教育阶段的英语课程具有工具性和人文性双重性质。就工具性而言,英语课程承担着培养学生基本英语素养和发展学生思维能力的任务,即学生通过英语课程掌握基本的英语语言知识,发展基本的英语听、说、读、写技能,初步形成用英语与他人交流的能力,进一步促进思维能力的发展,为今后继续学习英语和用英语学习其他相关科学文化知识奠定基础。就人文性而言,英语课程承担着提高学生综合人文素养的任务,即学生通过英语课程能够开阔视野,丰富生活经历,形成跨文化意识,增强爱国主义精神,发展创新能力,形成良好的品格和正确的人生观与价值观。工具性和人文性统一的英语课程有利于为学生的终身

[①] 中华人民共和国教育部.义务教育英语课程标准(2011年版)[M].北京:北京师范大学出版社,2012:2.

发展奠定基础。① 基于这种认识，我们认为英语课程的核心价值主要体现在培养学生语言技能运用的基础上，提升学生的文化对话能力。因此，我们以"提升学生人文素养"为课程开发的依据，以打造"多元互动的立体化英语课堂"为平台，促进学生文化视野的提升。

二、学科核心理念

根据《义务教育英语课程标准(2011年版)》的文件精神，结合我校英语学科实际情况，提出我校英语学科的核心理念："立体英语"，具体而言：一是以"为学生提供个性化课程"为宗旨，针对特定学生提供点对点的英语课程，构建注重学生体验的、开放式的、动态的课堂，挖掘英语学习资源，最大限度地扩大学生的语言输入，以满足学生不同的英语教育需求，激发他们的学习英语潜能，造就更为全面的、更为立体的、拥有广博而扎实的知识基础，具备较高的人文素养和宽广的国际视野的快乐学习者；二是根据学生年龄特点、心理特点、兴趣特长等因素组织有学校特色的丰富多彩的活动，力争开设不同的Ⅰ课程课堂和Ⅴ课程课堂，将情境教学从课内延伸到课外，让学生在课堂上学习英语，在生活中运用英语，达到语言的活学活用，同时也形成我校初中英语教研组的"立体教学"特色。

（一）立体英语成就学生双向交流

英语学习不再拘泥于提高学生的综合语言运用能力，还承担着提高学生综合人文素养、提升文化品格、开拓国际视野等任务。英语是全世界应用最广泛的语言，充当着信息时代的首要载体。信息大爆炸使得孩子们有更直接的语言感知和文化体验，立体英语学习会为他们与世界的沟通交流打下良好的基础。

---

① 中华人民共和国教育部.义务教育英语课程标准(2011年版)[M].北京：北京师范大学出版社,2012：2.

(二) 立体英语发展学生思维品质

立体英语学习可以培养学生自主学习能力和思维转换能力，因为它需要学生主动发现和揭示其中的内在联系，形成智慧型的自主学习活动。立体英语学习可以增强学生的自主探究能力，培养学生主动发现问题、解决问题。立体英语还可以帮助学生养成触类旁通的思维习惯，以此来提高学生们的综合素养和英语实际应用能力。

(三) 立体英语培养学生文化素养

通过英语学习的听(listening)、说(speaking)、读(reading)、写(writing)等学习方式，学生可以接触到英语语言国家的文化、历史、地理、科技、礼仪、习俗等。面对这些语言学习资料，学生需要一种平等开放的意识，自主判断，选择适合自己的学习方式来汲取。

第三节 内涵丰富的立体英语

义务教育阶段英语课程的总目标是：通过英语学习使学生形成初步的综合语言运用能力，促进心智发展，提高综合人文素养。以语言技能、语言知识、情感态度、学习策略和文化意识等五个方面共同构成的英语课程总目标，既体现了英语学习的工具性，也体现了其人文性。因此，我们立体英语从课程建设、教学改革、团队建设和学习质量四方面阐述立体英语课程目标。

一、建构"立体英语"课程群

以我校V-I-P课程体系为载体，推进素质教育，体现时代要求，着眼每个学生的个性发展，体现对学生的人文关怀，以培养创新精神和实践能力为重点，努力使每一位学生都成为课程的受益者。

依托《牛津初中英语》教材,初步形成并不断完善初中四年英语课程体系;开发激发学生活力的丰富多样的校本课程;丰富学生英语学习的课程资源,提高教学的有效性,尽量开发与利用学校资源、网络资源与学生资源,在学校原有校本课程的基础上进一步完善和改进,形成教学理念有更新、课程结构有体系、学科评价有系统的符合学校、学生实际发展需要的校本英语课程;开拓学生的视野和思维,提高每一个学生的综合语言素养和人文素养,努力让我们开发的课程"立体"化,引入"精英式"课程和"大众式"课程等"立体英语"系列课程,培养更全面的英语人才,逐步形成"立体英语"的课程群。

二、开展"立体课程"的教学活动

"立体课程"的教学目的和教学理念注重的是对英语学习的全方位整体的认识,水到渠成地形成学生自己的学习方向。这种教学与我国传统教学模式的区别就在于教学目标的转变,它不再是以往单纯传授固有知识和技能,而是加入大量的学生主动参与教学活动等。

学校教学质量的提高,关键在教师教学理念、教学能力、教学水平的提高。学科组建设的总体目标就是要立足于教学,打造一支高水平的专业化发展的师资队伍。通过建设优势学科,搭建学科教师专业发展的平台,提升教师驾驭课堂教学、实践课改的能力,培养学科领头人和学科骨干群体,形成学校的学科优势,努力提升学科教学业务水平,提高教学质量。

课堂教学的研究与改革依然是我们的主阵地,重点研究的内容:"P"课程中不同的教学手段,不同层次学生的优化课堂设计,课后作业的设计以及评价方式。将教学辅导与评价方式结合起来,促使各个层次的学生都能得到发展。通过"I"课程课题的研究,进一步对英语特长生分阶段、分类别、分兴趣、分小组进行全方位的培养。研究和编写校本V课程,通过各类校本特色课程以及英语学科特色活动,让学生在英语的海洋中遨游，推进适合我校学生的英语学科教学改革与创新。

三、培养"立体英语"教师团队

英语教师在原有专业的基础上，继续学习，不断提升自我，鼓励青年教师攻读英语教育硕士，并加强组内外、校内外相互交流和学习，提升全组教师的知识素养和教育素养，使每位教师都具备较强的教学和科研能力；老师们能以研促教，遵循科学规律，提炼个人教学主张，形成特色鲜明的教学风格；全体教师努力开设市、区、校公开课和讲座，争取在市、区级或省级以上刊物发表英语教育教学论文，在市、区、校青年教师基本功大赛中，年轻教师努力取得好成绩，全组骨干教师均要申报课题研究，以课题研究促进教师向研究型教师发展。在"立体英语"的课程理念的背景下，不断提升自己，充实自己，让教师团队的个性化与立体化逐渐凸显，逐步形成一支本领强、素质硬、质量高的"立体英语"教师团队。

四、制定"立体英语"评价方案

在"立体英语"评价方案的指引下，帮助学生掌握初中英语学习方法，培养学生的英语语感、英式思维，使全体学生英文素养整体得以提升，同时让有英文口语特长的学生得以充分的个性化发展。在确保英语中考成绩在全区同类学校中保持领先地位的同时，使每一位学生都能具备国际视野，拥有诚实勤奋、乐观自信、积极向上的品质，制定出多层面的"立体英语"培养方案和质量监控方案。

第四节 丰富多彩的立体课程

义务教育阶段的英语课程力求面向全体学生，为学生发展综合语言运用能力打好基础,同时,促进学生整体人文素养的提高。我们努力结合学科特点,进行运用阅读策略培养学生批判性思维能力的研究,创设有利于建立"立体英语"的课程实施环境;研究学科思维方式,提高学生学科思维能力,提高学生自主学习、合作交流以及分析和解决问题的能力,建立与新课程相配套的校本化评价机制,努力通过英语学科建设,使学生成为更全面、全方位的国际化人才。

一、建构"立体课堂",推进学科教学深度转型

建设符合我校英语学科实际的"立体课堂",让课堂发生改革,并形成一定可操作、符合英语学科特色、有前瞻性的英语课堂教学模式,体现我校英语课堂的多元化和互动性。

(一)基于教材,加强英语思维学习

1. 加强思维方式学习,促进思维方式形成。老师们在课堂中向学生介绍西方英语国家的风俗习惯、思想观点、生活方式、礼仪习俗,输入西方思维方式的特点与内容,并与中式思维进行比较,通过中西不同的文化传统、思维方式及语言特色对比,使学生不仅能够意识到中西思维的差异,而且在平常的学习中尽量克服母语思维方式所带来的负迁移,排除汉语思维的干扰,促进正迁移心理的形成,使其逐步养成英语思维方式,从根本上提高学生准确、规范表达的能力。

2. 培养英语语感,优化创造性学习。我们可以通过下面方法在立体课堂中培养学生语感。首先,多听。就是要认真听老师的英语讲述,尽快听懂课堂用语和日常交际用语。要多听课文录音和听力材料。对于听力材料,我们要多选取母语为英语者的讲话,多听真实语言材料,如天气预报、广播、对话、广告等。大量的听力训练及跟读模仿可以缩短自身的语言与所听到的地道英语之间的距离。有利于讲出自然、流畅的英语。其次,多看。就是多看母语是英语的人写的文章,以培养学生的阅读能力为主,即扩大阅读量,注重阅读方法。经常性的阅读,尤其是阅读英语原文,有了一定

量的积累,自然就能达到质的飞跃,加强语感。最后,背诵。通过对语言材料进行反复朗读、理解到思维,加工形成记忆,获得大量的语言、词语、语法和语用等信息的输入,使学生逐渐提高对英语思维形式的感受能力,形成良好的语感,有效克服来自母语的干扰。

3. 拓展思考时空,培养思维能力。在平时的课堂中,教学过程往往过于匆忙,为了赶时间而忽视了对学生思维的培养,当学生没有正确回答老师的提问时,教师自己回答,直接告诉学生其他段落的内涵与作用。这种情况的出现说明教师设计的活动可能高出了大部分学生的实际水平,另一方面也许是学生没有理解老师提问的具体含义。在立体课堂中,如果教师能及时降低问题的难度,换个角度问,效果也许会好些。教师把自己对教材的理解直接灌输给学生是牵着学生走,教师的分析不能代替学生的分析,教师的思考更不能代替学生的思考,最好能给予学生充分的候答时间。思考的过程比结论更重要,不能为了赶时间而弱化对学生思维能力的培养。

(二) 巧妙设计,激发学生学习兴趣

1. 重视课前5分钟"Free talk",师生用英语自由畅谈。英语课本内容与现实生活内容紧密相联,为了使学生置身于良好的学英语、说英语的氛围中,课前5分钟闲谈是必要的,能收到良好的效果。我们把一节英语课的课前5分钟拿出来给学生"闲谈",让他们用英语互相问问好,聊聊吃了什么,穿了什么,买了哪些东西,进行了哪些运动,但是,要求尽可能多用些学过的单词或句型,目的是温故而知新。看上去似乎浪费了5分钟上课的时间,但实际上通过闲聊,不但活跃了思维,培养了说英语的习惯,而且还激发了他们学英语的欲望。另外,以轮流制坚持每天的Duty report。从易到难,最初只向全班汇报星期、日期、天气、出勤,随着进度,学生自觉加入了Introduce Myself句式、My family、Our school、My friend的一些情况,学以致用,说得真实。接着,逐渐地能在Duty report中讲述英语故事,有当天发生的事,有耳闻目睹的往事,也有阅读过的书籍。然后就故事提出2—3个小问题,供其他同学回答。这时使学生"毫不设防"地进入了"角色",无意识地在听说训练中复习巩固了旧知识。在此之后开始新课,首先就创设了一个自然的语言环境,激发了学生身上的原始动力,有利于学生"真实"地表述自己的情感和想法,增强对语言的驾驭能力。

2. 课堂教学中重视阅读教学与写作教学的有效整合。英语课程标准的主要任务是培养学生的综合语言运用能力,而学习英语的主要目的也是交际,因此,立体课堂教学除了重视口语教学外,阅读与写作教学也应该受到应有的重视,因为它们具有很大的相关性,体现在英语词语、句子、背景、结构、表达技巧等方面,读与写的任务是相互依赖的。因此,在立体课堂教学中,让学生先读、感受,进而挖掘出写作思路,然后再写。

我们具体可以:(1)通过阅读、对话和文章调动学生原有的知识,充实写作素材,通过提问的方式激活原有知识,感知文章内容。(2)通过阅读、对话和文章调动学生作为读者和作者的经验,提炼写作框架,列出常见文章开头和结尾的方法,段与段的衔接方法,段内句子层次的推进方法等。(3)通过提问对所读材料进行分析,掌握文章的结构和布局,以此整体把握文章,对文章的宏观和微观语言现象有比较透彻的认识。(4)整合全部知识,确定主题,开始写作。学生整理前三点内容,开始写作。这样完成由感知到思考到动手实践这一全过程,尝试运用阅读中学到的词汇句型来表达自己的思想,达到阅读与写作的结合,并将阅读材料当作写作范例来对待,规范语法结构。

优秀的"立体"课堂,应该是多元化的课堂。多元化的课堂,要求教师对课程标准的把握是精准的,对学生的情况是熟知于心的,对学生学习内容的确定是明确精心的,对学习目标的制订是分层、符合不同学生学习能力的;多元化的课堂尊重学生个体差异,每个学生都能达成自己的学习目标,都能获得求知的满足;多元化的课堂以课程标准为依据,运用可操作的科学手段,收集有关课堂教学的信息,为评价者的自我完善和相关决策提供依据。具体评价表格如下。(见表6-1)

表6-1 立体英语课堂教学评价表

学校			姓名		授课时间			
授课内容						量化		得分
评价标准					8	6	4	
教师教学行为表现	教学基本理念	语言功能和结构相结合,以培养学生英语语言能力为目标,突出多元化教学						
		重视学生学习习惯和学习策略的培养						
		激发学生学习兴趣						
		尊重关爱学生,面向全体学生						
	教学活动设计	提供任务型语言教学的活动场景						
		教学活动设计强调多元化和互动性						
		教学过程以合作学习为模式,重视师生、生生之间的合作交流						
		教学活动设计贴近学生实际生活,强调全体参与						
		教学活动注重培养学生人文情怀						
		适当运用信息化教学手段和多媒体教具						
	教学目标达成	教材研读到位,重点、难点突出						
		有效完成教学目标						
	教师基本技能	教态亲切自然,教学流程清晰						
		教学用语准确,口语流畅,板书工整						
		教学设计多样性,有创新						
		有效调控课堂,注重信息反馈						
学生学习过程表现	学习方式	在独立思考的基础上,积极参与小组合作						
		有学习兴趣,能主动学习,有课堂笔记						
	目标达成	善于用英语表达交流,语言流利						
		在具体语境中能灵活运用目标语						
总评	等级	优:90分以上(含90分)						
		良:80分以上(含80分)						
		合格:60分以上(含60分)						
		不合格:60分以下						

二、建设"立体课程",丰富学科课程体系

立体课程是指为了提炼学生英语阅读素养、听说素养和综合语用的发展元素,形成系列化专题,开发不同类型课程,充实英语教育资源库。

(一) 细化初中英语学科课程

为全面落实我校提出的 V-I-P 学校课程理念,我们梳理了《英语课程标准》的英语语法分类;梳理了《英语课程标准》的英语词汇分类;梳理了《牛津初中英语》中的英文句式分类;梳理了《英语课程标准》英语阅读能力分类;梳理了上海中考英语卷中的各类型测试解题策略分类;阅读了校本课程——"立体英语课程"(V课程)。我们通过梳理来促进我校学生英语学习兴趣和学习质量。

(二) 持续推进学生阅读课程

为激发学生阅读兴趣,培养学生阅读理解能力,展示学生个性化表达方式,我们开展了英语报刊阅读(利用《21世纪英文报》《双语报》等报纸上的时代性强、趣味性浓、知识性强的文章);开展了名人英语演讲阅读(英语国家名人演讲,如奥巴马竞选总统获胜演讲等);开展了英文电影名段欣赏(电影《蝴蝶梦》《简爱》《泰坦尼克》《阿凡达》等);开展了英文美文朗读(《英文美文精选》);也开展了英语应用文朗读(介绍名胜古迹、旅游、科技等实用文章)。

(三) 合理利用外教视听课程

视听说课程旨在培养学生的听说能力和口语交际能力,帮助学生建立合理的知识结构体系,使他们能用英语自如交流。本课程要求学生能用所听所学就日常话题与英语国家人士交谈,能用英语表达思想。同时,使学生了解异国文化,增强交际意识和文化意识。具体来说,可分为听力和口语两个方面。就听力而言,视听说课程试图让学

生通过学习，培养学生从听力材料中捕捉信息，从听力练习中做笔记以及推导和预测的能力；就口语而言，视听说课程旨在让学生增加常用口语量，扩大英语口语知识面，让学生养成良好的口头表达习惯，培养学生开口说英语的自信和勇气，交流中做到清晰、流畅和达意，提高中西跨文化交流。

（四）丰富多元课程评价

在评价思想上，注重以学生为本、多元评价。结合本门课程三种主要课堂手段，教师将会从学生不同方面的表现或测试中进行评价。将形成性评价和终结性评价相结合，包括小组间评价、教师评价两个部分。具体做法如下——

1. King of Vocabulary（词汇之王）。学生要准确默写《教学大纲》中的考纲词汇，并能准确掌握所给英文单词的中文含义和词性，最终选出"词汇之王"。

2. The Most Beautiful Voice（最美声音）。参照中考英语听说考试"模仿朗读"题型，通过听说测试平台，学生在听完模仿朗读后，准备模仿并朗读英文美文，最终选出各年级前五位"最美声音"。

3. The Sound（声临其境）。学生通过小组合作，给经典英语电影片段配音，最终选出各年级前三组"最形象配音"小组。

4. I am a speaker（我是演说家）。学生选取英语名人演讲片段，并自行改编，最终在英语课堂上演绎出来。根据学生表现选出"最佳台风""最佳配音"等奖项。

在每项比赛中，除了进行评奖之外，还会对每位同学进行综合性的观察与评价，用星级作为评价的标准。

三、开展"立体英语节"，激发英语学习兴趣

为给学生提供展示英语学习风采的舞台，根据我校实际，每学年积极开展各种英语特色活动，让丰富多彩的英语课外活动真正成为学生的第二课堂。每学年扎实开展"立体英语节"、迎新歌曲大赛、演讲比赛等活动，六年级重点开展迎新英语歌曲大赛活

动,七年级重点开展英语名著阅读活动,八年级开展英语短剧表演,逐步形成了以活动带动教学,以科研促进教学的特色。

(一) 组织生动有趣的学习活动

为培养学生的学习兴趣,提高学生们学习英语的积极性、参与性和对英语的关注度,为广大英语学习爱好者提供自我展示的平台,展示青春风貌,营造一个和谐、青春的校园环境。我们可以通过一系列活动为学生提供在生活中应用英语的机会,也使他们英语能力不仅仅局限于英语考试成绩,而是充分提高学生全方位的英语能力,增强自信,逐步形成英语人文环境教育特色与英语教育特色的双特色教育。

我们的活动可以年级开展:1."迎新英语歌曲大赛"。大赛分为预赛、决赛两个阶段。主持人开场白,介绍评委,阐述评分细则;八位参赛选手按次序以自己喜欢的形式上台展示英文歌曲;七、八年级助演节目;评委打分(比赛期间按组宣布选手得分),并评出一、二、三等奖。2."英文电影名段模仿"。七年级通过初赛,每班选出 2 组参加名段模仿秀。3."英文书法作品展"。七、八年级通过初赛,每班选出 2 幅作品参加书法作品展。4."英语演讲比赛"。每期选定一个话题,八年级每班选出 2 名学生参加比赛。5."英语短剧表演"。八年级每班根据历史或者课文题材进行真人短剧表演。6.立体英语角。各年级充分利用课外时间开设英语角,使学生在民主、平等、宽松的交际环境下,畅所欲言。内容以围绕单元话题为主,进行漫谈式的学习,说你想说的,包括日常生活、理想以及一些社会现象等等。教师以学习者的身份参与到活动中去,有意识地去探讨或解答学生的疑问;这样学生在交流、探讨中不但掌握了知识,而且提升了自我判断能力、自我赏识能力、语言交际能力。除此之外,还让学生利用身边的实物和场景来学习英语,并通过自编自演的英语小品,创意制作英语小报和贺卡,写英语书评甚至设计英文个人主页等活动,这样学生已从在活动中单纯学习英语知识转化为在活动中用语言进行交际,用英语进行创造。从而使学生的英语学习兴趣和运用语言的能力得到提高。具体评价表格如下。(见表 6-2)

表6-2　初中英语学科"立体英语节"评价量表

评价对象	指标体系	等级内容	评定等级
活力英语节	组织建设	1. 章程、制度健全 2. 有专业教师负责	
	活动目标和计划	1. 有年度活动目标 2. 活动目标明确具体 3. 有实现目标的行动计划 4. 计划科学、合理且可实行	
	学生活动	1. 积极主动、活动参与度高 2. 生生合作,师生互动好 3. 学生有体验,能获得较多感受	
	负责教师表现	1. 积极参加学校组织的培训或会议 2. 指导教师之间团结合作,顺利开展工作并能经常交流情况,工作能力强	
	活动成效	1. 活动顺利开展,受到学生欢迎和学校领导的肯定 2. 学生活动自主性高,学生得到充分锻炼 3. 活动在校园网上有宣传并有活动成果	
	活动记录和资料	1. 记录及时并保存完好	

四、搜集立体资源，推行立体学习

（一）搜集并整合初中英语教学资源库

我们搜集整理典型题目，各种检测题，建设英语题库；整理本组教师的公开课教案，建设教案库，争取编写英语组优秀教案集；收集本组教师制作的教学课件，建设英语精品课件库；分类收集各种音频、视频资源，充实学科资源库；分类收集相关教育教学理论文章，作为教师学习、研究、交流的理论资料库。重视文本资源的整合和利用，实现优势互补与资源共享。

(二) 有效利用时间抓好双基训练

我们进行集体早读或朗读，充分利用零碎时间，如每日三餐前后分别朗读 10 分钟，每节英语课课前朗读 5 分钟，坚持一个学期就可以提升英语学习氛围和成绩（初一、初二学生可以朗读教材和英文报刊；初三学生可以朗读教材、英文报刊、各地中考试题）。另外，每天坚持背诵一些经典的句子和短小的文章。背诵英语不仅是提高学生学习成绩，也是提升英语教师专业素质的一条重要途径。英语教学的最小单位应该是"短文"，而不是单词或句子，在短文中教单词、句子和语法，比较长的文章要分解成小的短文来教。要等学生把英语读熟、背熟后再对于单词知识、语法知识进行讲解和运用训练，这将会达到事半功倍的效果，这也是解决两极分化的重要方法。

(三) 做好中小英语的有效衔接

为了保证小升初的英语学习有效衔接，我们需要强化字母、音标教学，培养拼读能力，杜绝差生掉队；选用小学教材，复习巩固教材中出现的单词（600—700 个）、句型、语法和话题；做好学法指导，注重听、说、读、写训练，培养学生学习英语的浓厚兴趣。

五、建设英语"立体团队"，全面提升教学水平

(一) 加强全组教师团队学习

开展英语教育科研，科研兴教。带领老师反复阅读、深刻领会《英语课程标准》理念，学习外刊等杂志上的优秀文章，将自己在教学中的经验整理成章，并深入开展各项现有课题的研究与实验，支持教师以个人的名义，申报科研课题，鼓励教师多撰写、参评、发表论文，教师争做研究型教师，真正做到以科研促教学，让教育科研为教学服务。建立每一个教师的成长档案，在不断学习中进步。

（二）按照"四个一"强化组内学科建设

我们创造一种舆论导向正确、学术氛围浓郁、人际关系融洽、团队合作良好的教研组人文环境；建立了一套科学、规范、高效的教研组工作运行机制，形成教学过程的标准化、规范化、精细化的管理模式；创建了一体化的以教研组为单位的集体研训、推优评优、结对帮扶、同伴互助工作机制，建立校本培训新模式；形成了一系列有较高质量的教案集、课件集、教辅集和试题库，物化和共享教学研究成果。

（三）特色团队潜心打造

通过对教研组教师的思想引导，促进教师更新观念，逐渐形成新的学习观。同时加深对构建学习型教研组的认识和理解，探索其构建的途径和方法，对每一位教师提出与其本职工作紧密相关的求精创优要求，使每一位教师的学习效果能落在实处，在平时工作中，人人都有明确具体的学习目的，并树立新的质量观和创新意识。根据学校制定的总体目标和各项计划，结合教研组实际，积极营造"团结和谐，信任合作，善于学习，务实求真，扎实有效，共同进步"的教研组氛围。应当具体为"六有"，即有良好的师德修养，有严格的组织纪律，有和谐向上的氛围，有较强的科研意识，有较好的教育教学成效，有爱校如家的主人翁意识。同时积极倡导"有话大家说、有事大家做、有意见当面提、有问题共商议、有困难大家一起来解决"。

我们开展丰富多彩、形式多样的学习活动，支持、推动教师学习，确保学习型教研组的构建，促进学校校园文化的形成。这一机制包括分享机制，即为教师提供分享内部资源与外部资源的机会与可能，使各种资源利用效益最大化；互动机制，即提供教师间、师生间、管理者与被管理者之间相互交流、切磋的便利，使教师在互动中加深体验，快速提高；激励机制，即建立及时反馈与激励评价机制，对教师的学习情况及时跟踪、评价，采用各种形式（包括精神与物质）激励教师不断学习、不断进取；督促机制，即采取相应管理、监督措施，加强对各种学习活动与组织的过程管理，促使教师坚持学习；反思机制，即要求每位教师在每一时段、教研活动收尾时及时进行反思，总结工作得失，并形成工作习惯。教研组在校内必须做到"四统一"，在明确教学目标的前提下，必须统一教学进度、统一教学重点难点、统一作业量、统一考查方法。要努力做到重要单元、关键课时的教材分析入木三分,期中和期末复习主题明确,并着重解决教学过程中的六个环节:落实基点、突出重点、突破难点、巧析异点、激发疑点、体现特点。

学校文化是以校园为空间、以师生为主体、以活动为基本形态的一种组织文化,是师生共同具有的思想观念、价值取向以及行为方式,它决定着学校的精神面貌和气质,影响着人才培养的目标和结果。因此,学校课程在文化统领下建构,与学校文化高度融合,在实施过程中传递学校文化、塑造师生的精神骨骼。

(撰稿者:钱祎)

第七章

魅力物理：激发每个学生的学习兴趣

兴趣是最好的老师，要让学生对物理感兴趣，让学生快乐地学习物理。为达成以上目标，物理教研组基于物理学科的本质特征，不断探索，不断实践，形成了独有的教学理念"魅力物理"。利用物理学科本身的魅力，调动学生的积极性，培养学生创新能力，激发学生学习物理的兴趣，从而达成"快乐学物理，成长每一天"的目标。

我校物理学科目前共有 4 名教师,均毕业于 211 本科院校,都是中青年教师,年轻有活力,近几年参加各级教学比赛获得一二等奖的好成绩。近年来,面对国家创新发展战略和拔尖创新人才培养建设的新目标,物理学科大胆创新,依据教育部 2014 年《关于深化课程改革,落实立德树人根本任务的意见》和《义务教育物理课程标准(2011年版)》的要求,推行了魅力物理特色学科建设方案,切实培养了学生学习物理的兴趣和科学素养,提升了教师教学质量,提高了物理学科的魅力,实现了我校快乐学习的理念,取得了显著成效。

第一节 探索创新,提升学科质量

依据《义务教育物理课程标准(2011 年版)》,为切实培养学生的科学素养,提升教师的综合能力,提高物理学科整体水平,实现学校可持续性发展,学校推行了物理特色学科建设,取得了显著成效。

一、充满活力的学科团队

我校拥有一支教学经验丰富、勇于创新的物理学科教学团队,积极开展教研活动,每次教研活动都群策群力,研讨氛围浓厚。定期组织听课、评课交流,并请区教研员作教学指导、学法指导,为青年教师搭建良好的学习平台,持续提高了本团队教师的教学能力,建设了一支不断创新、教学质量优秀的教学团队。

二、拥有魅力的教师团队

物理学科团队的每位老师都拥有丰富的教学经验,都是非常有魅力的老师。通过多年对学科知识点和学生特征的分析,总结归纳出了初中物理学科的重点和难点,并以专题讲座的形式呈现。通过定期研讨,进行课程重整,实现了课程的优化组合。建立了物理习题库,既有必做的基础题,又有提高型拓展题,形成了我校特色的习题体系。近几年来,物理成绩稳步提高,中考物理均分一年比一年高,中考满分人数逐年增加。

三、富有实力的教学体系

几年来,物理学科形成了比较完善的物理理论和实验相结合的教学体系。通过多年建设,已全部完成物理理论课程基本教学文件(教学大纲、实验大纲、教学进度表、课程简介、电子教案等),有效地保证了教学。为了体现物理的魅力,丰富实验教学,课堂中让学生积极参与实验,发展学生个性,培养合作精神。课后让学生完成生活中的一些小实验,自主设计,独立完成,激发物理学习的兴趣,提高学生创新能力。丰富多彩的物理实验培养了学生对所学知识的应用能力,初步培养了他们的科学研究能力和科技创新能力。

四、彰显魔力的校本课程

实验是物理的基础,也是物理的魅力所在,物理学科在物理实验上下功夫,创新物理实验,自主开发了很多生动有趣的演示实验,使物理课堂更有魅力。主动适应"互联网+""智能+"教育教学模式,借助多媒体等先进方式,使抽象、枯燥的概念形象化、生动化。基于这些基础,我们开设了诸多物理特色校本课程,形成了《生活中的物理》这门精品课,生活中的各种实例、各种小发明,都有物理知识的体现,充分展现物理的魅力,吸引学生的注意力,激发学生学习物理的兴趣和积极性。

第二节　魅力物理，激发学习兴趣

《义务教育物理课程标准(2011年版)》提出,以学生终身发展为本,以提高全体学生科学素养为目标,为每个学生的学习与发展提供平等机会,关注学生的个体差异,使每个学生学习科学的潜能得到发展。[1] 我校针对性地开展了物理学思维的培养,体现了物理的魅力,培养了学生的科学素养。

一、学科性质观和价值观

物理学是最基础的一门自然科学,主要研究物质的最基本结构,描述物体间的相互作用,揭示物质一般运动规律,它是现代工程技术的基础,蕴含了最基础的实验手段和科学的思维方法。

快乐来源于兴趣,兴趣是最好的老师,要让学生对物理感兴趣,让学生快乐地学习物理,让每一位学生快乐学好物理,是我们努力的目标。为了达到这个目标,物理学科团队利用五年时间,不断探索,不断实践,逐渐形成了自己的教学理念:在物理课程中培养学生的物理观念,帮助学生建立科学的思维方式和态度。

(一) 培养学生基本的物理观念

物理是对物质的基本认识、对事物一般运动规律的探索与揭示,在此过程中逐步培养学生用物理学的眼光看待问题,用物理学原理解释日常生活的实例。

---

[1] 中华人民共和国教育部. 义务教育物理课程标准(2011年版)[M]. 北京:北京师范大学出版社,2012:2.

(二) 培养学生的科学思维方式

物理是从一般的现象中概括抽象出物理本质,建立物理模型,分析论证,得出结论,从而逐步具备科学的思维方法,努力培养学生根据基本事实进行科学的推理能力以及抽象和概括能力、规律意识、证据意识、批判性思维意识和科技创新意识。

(三) 培养学生的科学探究精神

在物理学科学习的过程中,通过观察与思考,培养学生发现问题、探究问题、解决问题的能力,在实际问题中归纳总结出物理问题,利用科学方法提炼出相应的物理原理,并进行分析处理,得出结论,对探究的过程和得出的结果与他人交流,最终得到合理的结论,同时在此过程中,培养学生之间合作与交流能力,并能用科学的语言准确表达自己的观点的能力。

(四) 培养学生的科学态度与责任

科学研究是严谨的、神圣的,在学习中努力培养他们对待科学的正确态度,科学的学习和研究是一项富有挑战的工作,并需要不断的思考与创造。科学进步是人类共同的目标,科学研究过程应遵循伦理道德规范;应具备对一切事物的好奇心与求知欲,不盲目迷信权威,能根据新情况辩证地看待问题,提出新的见解和解决方案,培养为了科学发展不断努力的责任感。

二、魅力物理核心理念

(一) 魅力物理有温度

物理是以观察和实验为基础的学科,生活中、生产中、科技进步中处处体现着物理的魅力。我们物理学科的老师都具有发现和探索的眼光,让学生在有趣的生活小实验中逐步领悟物理的魅力。引导学生从生活中理解物理,尝试把物理生活化、趣味化。如一个矿泉水瓶,可以做与压强、浮力、光的折射、声音等相关的 16 个小实验,学生通过一个普通的矿泉水瓶,获得独特体验,对真正掌握知识、发展能力,具有举足轻重的作用。又如,可让学生在家用8个碗或酒瓶,盛放不同数量的水,用筷子敲出不同的音调。学生由此可以感受音调与频率的关系,还能享受自制乐器的乐趣。指导学生利用家中的器具做许多魔术,比如不可思议的平衡、无底的酒杯、钢针漂浮、鸡蛋透视、硬币消失、筷子提米瓶、胶囊空翻、自动旋转的酸奶盒、水杯倒悬等。这些小魔术,操作简单易学,现象精彩纷呈。学生做这些小实验,不仅具有成就感,而且有效加强了自己对物理知识的理解。在此基础上引导学生尝试小制作、小发明,让学生在交流中拓宽视野,增强学习兴趣,感受物理的魅力和温度。

(二) 魅力物理有创新

物理学科始终着眼于学生的创新能力培养,学校每年都开展一系列富有特色的科技活动,如科技节、科普知识讲座、科技活动主题班会、科普知识分享交流、科技小制作等。既有传统的制作,又有思维竞技与创新;既有科学拓展与整合,又有物理实验技能的提升;既有古老的益智内容又有现代的项目。营造了浓厚的科普校园文化,展现了科技创新的魅力,促进了创新教育的开展,培养了学生的动手实践能力和创新精神,切实提升了学生的科技素养。

(三) 魅力物理可亲近

"亲其师,方能信其道。"本学科教师自带魅力,每个老师都闪闪发光。老师们天生的亲和力,让物理课堂自带磁场。他们经常漫步于学生中间,像大姐姐、大哥哥一样和他们聊天,给他们鼓励。他们明辨是非,黑白分明:"请认真听课,我要随时提问哟!""这次考试,请自觉诚信,如果有同学被我发现有作弊嫌疑,零分。"在与学生相处的过程中,他们亦师亦友,赏罚分明,春风化雨。他们拥有多元的视角与海纳百川的胸怀,因材施教,广受同学们的喜欢。

第三节 丰富内涵，提升物理魅力

《义务教育物理课程标准(2011年版)》提出以提高学生科学素养为宗旨，从课程基础性、实践性、时代性等方面提出基本理念，从"知识与技能""过程与方法""情感、态度、价值观"三方面提出课程目标。结合学校现状及建设愿景，物理学科团队开展了学科建设，提出了开展探究性学习，实现创新培养的目标。

一、学科课程建设目标

1. 深化教学改革，以教改促进教学，以教学落实教改，以学生为中心，以提高课堂教学质量为目标，打破传统的满堂灌教学的旧模式，留出时间让学生质疑。鼓励开发个性化的教改项目，使示范性公开课常规化、制度化。加强现代化教育理论的学习研究，鼓励每位教师撰写教研、教改论文，教书育人的同时注重提高理论素养。

2. 开展探索性、研究性学习。根据我校学生的普遍特点，加强引导，注重物理学一般学习方法的指导，使他们快速掌握基本的物理原理，让学生慢慢喜欢物理，并自觉学习。在潜移默化中培养他们对物理的情感和态度以及正确的价值观。

3. 鼓励学生创新，由教师指导，自己动手改造原有的实验仪器。根据本校学生特点和新形势，编写校本教材，按知识点整理练习题，形成自己的物理学课程体系，注重"知识与技能""过程与方法"，使我校的物理课程体系符合基础性、实践性、时代性的要求。

二、学科教学改革目标

1. 深入研究学生特点和知识点，认真研究国内外新科技发展，认真研究中考改革趋势，进行针对性的改革，改革教学理念、上课模式和教学内容。注重物理基础知识的夯实，注重物理过程与分析方法的讲解，培养学生创新能力。

2. 根据我校学生的实际情况，分类分层分知识点精心编写复习资料，使物理学习事半功倍，使学生的物理基础更牢固，学习物理的能力更上一层楼。

3. 注重校际交流，扬长避短，做好信息的采集、整理和研究，确保学生的学习效率和效果，体现物理的实践性和时代性特点。

三、学科团队建设目标

加强青年教师的培养，培育现有师资，加强师德师风建设，建立教师思想政治素质长效考核机制，将教师培养贯穿于教师发展的全职业周期，鼓励自我学习，争建金课，争当名师，争创先进教学团队。

四、学科学习质量目标

根据我校目前的教学质量的现状，以实现学校"有浓厚的学校特色，有先进的教育思想，有雄厚的师资力量，有科学的管理体制，有丰厚的学校文化"的目标，努力提升学生的物理学科素养，争取在既定的时间内提高学校的教学质量。形成良好的教学导向，引导教师积极参与教学改革，参与新课程实践活动，积极参加教育理论的学习和教学研讨活动，不断提高教师的教育理论水平和教学能力，提升物理学科的整体水平。第一，加强教师的继续教育培训工作，提高教师的教育教学理论水平；第二，抓好新课程的理论学习和实践探讨工作，努力适应深化教育和教学改革的需要，建立与现代教育相适应的教学模式；第三，抓好教研组的教学研究活动，尤其是集体教研、集体备课，提高教师学习教材、研究教材、运用教材的能力，集中学校的教学力量的骨干，为学校的教学发展出谋划策；第四，加快学校的骨干教师、学科带头人和名师的培养步伐，发挥其在教学工作中示范作用；第五，继续抓好新课程标准的学习和研究工作。

第四节 学科建设，助力魅力物理

《义务教育物理课程标准（2011年版）》提出重视科学探究教育、合理设计探究活动、有效实施探究教学。[①] 物理学科团队针对性开展了探究教学，推动了魅力物理的平台建设。

一、建构魅力课堂，推进学科教学深度转型

物理就是要见"物"讲"理"。从现实生活中提炼物理问题，在分析物理问题的过程中建构物理知识，并将物理知识应用于具体的生活与生产实践，应该是物理教学的重要策略。当我们的物理教学走进学生的生活世界时，物理学的知识就会鲜活起来，物理学知识的理性力量就会扩张，学生就会感受到物理学在生活中无处不在，物理学的知识是有广泛应用价值的。学习物理学，就会使学生产生认识客观世界的智慧，学习物理是以物理知识为载体去启迪学生的智慧，使学生变得更聪明、更睿智。所以，智慧的物理课堂是探究未知，活化已知，充满生机。在智慧的魅力课堂中，学生的兴趣会得到激发，探究的欲望会得到激活，知识的社会价值会得以体现；在智慧的魅力课堂中，学生会体验到求索的愉悦和求真的快乐，师生的智慧之花会在互动与对话中绽放。

（一）建构魅力课堂，推进课堂教学改革

物理概念一般都比较抽象，学生感觉难学就是因为物理概念的抽象性。因此，在教学活动中，必须充分利用现代化的教学手段，化抽象为具体，进行形象教学。创设合适的物理情境，进行体验式教学，让学生在情境中形成正确的物理概念。情境创设可

[①] 中华人民共和国教育部. 义务教育物理课程标准（2011年版）[M]. 北京：北京师范大学出版社，2012：4.

以采用直接的演示实验的方式,也可以用多媒体演示,使学生在形象的感性认知的基础上,通过类比、联想、归纳、总结,形成抽象的物理概念。如关于匀速直线运动、分子和原子的结构、大气压强、电、磁场等。这些概念抽象,不具体,看不见、摸不着。利用虚拟仿真、多媒体等技术丰富直观的表现力,不仅可以自然逼真地还原这些抽象的情境,还可以生动地展现,让学生有一种身临其境的感觉,通过对感观的刺激,形成深刻的感性认识。

(二) 建设魅力团队,奠定学科建设基础

打造魅力团队,加强教师队伍建设,努力使老师们都具有坚定的政治信仰、深厚的教学功底,各具魅力的教学风格。用良好的个人魅力和道德形象影响学生,用脚踏实地的工作作风带动学生。发挥优秀教师的先锋模范作用,带领团队成员不断更新教育思想和教育观念,着眼于学生的物理学基础需要,鼓励优秀学生带头,积极营造优良学风,建设良好气氛,树立"优良学风、从我做起"的意识,为自己夯实坚实的理科基础。

(三) 推进魅力实验,展现物理学科的魅力

学生都喜欢实验,究其原因,实验课可以满足他们的探索欲望。可以抓住这一点,一步一步引导学生通过实验得出物理规律,使物理课堂更加精彩。演示实验可以增加课堂的魅力。激发学生的好奇心,是学生学习物理的兴趣来源。教师严谨的态度,有效地培养学生的科学态度,展示动手操作能力的重要性。开发更多的演示实验,启发引导思考更多生活中的物理,激发学生的学习兴趣。

1. 课前仔细检查实验器材是否齐备、完好,并有意识地把器材放在讲桌下,增强神秘感,然后在学生殷切的渴望中现出"庐山真面目"。

2. 实验时"故弄玄虚",增加实验的趣味性。比如在演示惯性现象的实验时,当教师用木尺小心翼翼地敲击硬塑料片时,嘴里不停地念叨:"千万别把鸡蛋打破,千万别破!"并让第一排一个学生用手接着,防止鸡蛋打破,当鸡蛋稳稳地落到杯子里,学生都会兴奋异常。

3. 由学生描述实验现象,增强实验的真实性。如在演示光的折射现象时,让学生先观察尺子是否是直的,再插入水中,由后排的同学上台观察并描述实验现象,当他惊叹"尺子确实变弯了",并不由自主地抽出尺子再次验证时,学生就会产生浓厚的学习兴趣。为了充分发挥学生的主体作用,在演示实验时,吸收少数学生参加演示实验,增强演示实验效果。

4. 让学生积极参与演示实验。激发学生的好奇心和参与感,有助于他们对物理学兴趣的培养,同时促进学生提高学习自觉性。如:在探究压力的作用效果这部分内容时,可以建议学生用手指头压住铅笔、圆珠笔、直尺的两头,手指压铅笔尖时,手指明显感觉到尖锐和疼痛,按压直尺时,没有明显的疼痛感觉,说明压强的大小与受力面积的大小有关。通过这些简单的素材,简单的小实验,可以提高学生对物理学基本原理的理解,并进一步培养他们的自主探究能力,提高学生的学习兴趣。

二、开发魅力课程,丰富物理校本课程

多年来,基于物理基础学科,我们开设了诸多物理特色校本课程,形成了《生活中的物理》这门精品课。六七年级的学生可以通过这门课对物理学习形成初步的认识,激发他们学习和探究的兴趣。学过物理的同学,在学过了对应的物理知识后,再来上这门课,有巩固知识的作用。这门课还常介绍物理怎样推动现代科技的发展,让学生感觉到物理是多么的实用。

(一) 联系生活激活课程

物理学是最基本的一门自然科学,也是最难的一门学科。它源于生活,生活中许多现象都蕴涵着一定的物理原理。通过生活中物理课程的学习,学生不仅可以掌握物理学基本知识、了解基本的实验技能,了解物理学的演化过程,获得科学的思维方式。这门课的目标是培养学生的创新精神,使物理再走向生活,体现新课标的要求,和对物理教育本真的追求。开发《生活中的物理》系列物理课程,促进从知识传授到创新创造

的转变。完善创新实验教学新模式,将各种生活中的现象用物理原理来解释,体现了科学原理与生产生活的有机结合,使学生有效地、有步骤地掌握物理原理的应用。

(二) 加强实验丰富课程

我们自制实验仪器的研制。通过师生二次开发,充分发挥这些演示设备的教学功能,提升学生的创新创造能力。充分利用现代科技的最新成果反哺物理教学,更新教学内容。逐步建立物理演示实验室,同时,对各个演示设备进行二次开发,充分发挥这些演示设备的教学功能,使学生除了感到好奇之外,能学到更多物理知识,把更多的学生拉到热爱物理科学的队伍中来,从而达到以丰富的物理内涵知识,支撑物理学科的发展的目标。

(三) 基于教材拓展课程

《义务教育物理课程标准(2011年版)》一个重要的特点就是强调物理与技术、物理与生活的联系,体现了新的发展观、价值观和科学观。因此,我们研发了《生活中的物理》这门校本拓展课程,强调了物理与生产和生活的联系,在教学中有意识地讲解物理内容与生活与科技进步的关系,并注重物理学习方法的引导,学习方法和科学的思维培养穿插在新知识的引入、规律的总结和探究过程的各个阶段。除此之外,教材中适当引入当前物理学前沿知识,如人工材料的合成、超导体及应用、集成电路设计与应用等,这些拓展会使物理更具魅力,更具时代气息。

三、挖掘魅力资源,建设物理学科精品题库

探索的道路一定是漫长而曲折,其中必然会走不少弯路,但是沿途的风景也必定是美丽的,要求每位教师要有一双会发现的眼睛,充分挖掘物理的魅力,那么我们的课堂也一定是有魅力的课堂,学生的物理素养也一定能得到不同层次的发展。本教研组每位教师带着一双发现的眼睛,精心挑选案例和习题,避免重复大量的题目压给学生

做,这不符合快乐学习物理的本意。物理学科旨在精选题目,从不同的角度来编写题目。本组建立了物理学科精品习题库。

四、组织魅力社团,体现物理学科魅力

物理学科教师在理解和把握《义务教育物理课程标准(2011 年版)》实质的基础上,同心协力开展丰富多彩的科技活动,结合课堂教学,真正落实课程目标,最大程度地焕发物理学科的魅力,使物理成为学生最喜爱的学科。STEM 课程的学习可以激活各门学科的知识,在解决具体问题的过程中,培养综合运用各门知识的能力。由此物理学科根据本校教学条件和学生的学情,继续开展物理学 STEM 课程的开发,采用项目化方式,安排学生相应的学习任务。

五、开展丰富多彩的科技节,激发学生的想象力和创造力

丰富多彩的科技节,让学生通过参与科技节丰富多彩的活动,体验科技实践的乐趣、探索科技的奥秘,以此激情引趣,激发学生的想象力和创造力。通过科技节,倡导全校师生人人参与科技、亲历科技,体味科技的乐趣,让科技丰富我们的生活。活动以丰富多彩的形式展现科学的乐趣,绽放出同学们的奇思妙想和勇于探索的能力。

物理在生活中无处不在,力学、光学、热学等都在生活的细节中得以体现。魅力物理就是从生活中的现象入手,让学生饶有兴趣地投入对物理现象的探究,在探究中建构物理研究的模式,在探究中逐步完成知识的自主建构,一步一步把物理原理学透彻、讲明白。

(撰稿者:朱海兵)

第八章

五彩化学：感知缤纷世界的奥秘

化学是一门研究物质的组成与结构、性质及其变化规律的自然科学，这就要求在学习化学的过程中，学生通过体验实验，去感知化学变化，用化学的眼光看世界，理解学科核心知识，提升科学核心素养。化学学习自有特点，"五彩化学"的学科理念是对这一特点的理念回应。

依据《义务教育化学课程标准(2011年版)》，为增强学生学习化学的兴趣和信心，有更多的机会主动地体验科学探究的过程，使学生认识化学在实现人与自然和谐共处、促进人类和社会可持续发展方面所发挥的重大作用，提升教师的化学学科专业素养，增强化学的学科魅力，注重培养学生的爱国的情怀，树立为中华民族伟大复兴而学习化学的志向，学校推行了"五彩化学"特色学科建设，为每一个学生的发展提供了多样化的学习，取得了显著的成效。

第一节 和谐进取的学科团队

历年来学校化学学科中考成绩优良，受到学校领导和社会各界的肯定。全组在致力于配套教材的题库编写工作的同时，以《义务教育化学课程标准(2011年版)》为依据，以新教材的使用为契机，以提高我校师生的化学素养为核心，全面推进素质教育和新课程改革。在学科建设方面有着以下的优势：

一、学科组具有可持续发展的基础

在教育改革的大背景之下，在市区教研如火如荼的良好氛围中，在学校领导的高度重视和大力支持下，我组近年来发展迅速，尤其年轻教师充满朝气、努力勤奋，在校级及区级各种活动中取得了优异成绩。

二、学科组兼备经验和活力

老教师教学经验较为丰富，能够起到引领作用；青年教师有活力，探究能力强，能比较熟练的应用信息化技术，大大提高了课堂效率。近几年学生成绩稳步提升，中考化学成绩已经稳定在区前十。

三、浓郁的和谐进取的教研气氛

团队合作能力强，个体学科素养相对较好，教学经验比较丰富，富有吃苦在前，无私奉献的精神。全组教学研讨氛围浓厚，能高质量地组织集体备课活动，群策群力，统一教法和学法，并经常性开展听课、评课交流，共同提高，青年教师在普通话、书写、实验操作等方面均有较高素养，课堂上教学热情很高，有很强的责任心和上进心。

第二节 五彩化学的行动内涵

《义务教育化学课程标准(2011年版)》指出：义务教育阶段的化学课程是科学教育的重要组成部分，应体现基础性，要给学生提供未来发展所需要的最基础的化学知识和技能。[①] 我校开设的"五彩化学"就是引导学生体验化学学科的魅力，用化学的眼光看世界。

一、学科性质观和价值观

初中化学不仅要引导学生更客观、全面地认识物质世界的变化规律，突出学科的基础性和启蒙性，还要进一步审视学生发展所需要的化学核心知识、关键能力和情感价值观。让学生了解化学与日常生活的联系，从化学的角度去认知物质世界，保护环境，促进社会的进步和文明，充分感受和领悟化学学科的价值。提高学生运用化学知识和科学分析方法，解决简单问题的能力，为学生的发展奠定必要的基础。

---

① 中华人民共和国教育部.义务教育化学课程标准(2011年版)[M].北京：北京师范大学出版社，2012：2.

我组提出的"五彩化学"的学科理念，体现了启蒙学科的特点，体现了化学的多样化、趣味化、生活化。让每一个学生以轻松愉快的心情去认识多姿多彩、与人类息息相关的化学，积极探究化学变化的奥秘，形成持续的化学学习兴趣，增强学好化学的自信心。

二、学科核心理念

使每一个学生以愉快的心情去学习生动有趣的化学，让每一个学生有更多机会主动地体验科学探究的过程，为学生创设体验化学、技术、社会、环境相互关系的学习情境，给学生的发展提供多样化的学习模式。本着以上原则，化学组提出了"五彩化学"这一学科特色教学理念。

（一）五彩化学培养学科兴趣

"五彩"即表示五彩的化学课堂，又表示五彩的化学世界。五彩的化学课堂，不仅可以激发学生的学习兴趣，提高学生的思维和动手能力，更能使学生在平等、和谐的课堂氛围里，去交流、去合作，引发学生深层次地参与和思考，从而使学生真正产生学习的内驱，体现以学生为主体的教育观念。

（二）五彩化学立足享受教育

五彩化学是基于让学校提出的"享受教育"的理念应运而生的，让学生在接触到化学这一门自然科学的过程中，通过学习，体验实验活动、开放式探究活动和交流合作等环节，凸显既适合于知识学习，又有利于人格健康成长的教育情境和文化氛围，使教师和学生双方能充分沟通、相互理解，同时激发学生学习的潜能、培养对化学的兴趣、健全人格、体验学习幸福和成长乐趣。

（三）五彩化学培养探究能力

化学是一门以实验为基础的学科，近年来的教学改革也在不断凸显实验探究的主导地位,这就要求我们在教学中强调实验探究能力的培养。在化学学科的课程教学计划中,将课本中的实验探究一个不落地展示出来。例如红磷燃烧测氧气含量、电解水、碳的还原性等等;同时在教学的过程中以实验探究的形式体现知识生成的过程,例如催化剂的性质,物质的溶解性与溶解度,结晶的方法等知识。利用这些探究实验,激发学生对于科学探究的兴趣,培养学生科学探究的意识,提高学生科学探究的能力。

(四)五彩化学丰富生活经历

化学是一门与生活联系紧密的学科,每一个学生都应该具备适应现代生活及未来社会所必须的化学基础知识、技能、方法和态度,具备适应未来生存和发展所必需的科学素养。化学学科教学中应注意知识的应用性,例如,学习到溶液的酸碱性,我们就要设计花汁指示剂的制备与生活溶液酸碱性的探究实验;学习到溶液的结晶,我们就会设计明矾晶体的制备实验;学习到常见的化肥,我们就会让学生做绿植营养液成分的调查报告。课堂上学习知识的同时,在生活中找到他们扎根的土壤。

第三节 四位一体的行动目标

依据《义务教育化学课程标准(2011年版)》,以提高学生的科学素养为主旨,激发学生学习化学的兴趣,帮助学生了解科学探究的基本过程和方法,发展科学探究能力,进一步学习和发展所需要的化学基础知识和基本技能,培养学生的合作精神和社会责任感。五彩化学的建设主要从以下几个方面落实:

一、学科课程建设目标

通过特色学科建设的各项举措,初步形成并不断完善初中化学课程的体系。开发科学探索类课程,开发丰富多样的化学启蒙校本课程,逐步丰富学生在化学学习的课程资源。

二、学科教学改革目标

探索新一轮课程改革中的化学课程建设和管理,特别是基于化学学科的V课程开发,探索化学课程发展的机制,研究和开发具有符合学校、学生实际与发展需要的特色化学课程和与化学学科相关的V课程,发挥化学课程对社会、经济和学生可持续性发展的作用。

三、学科团队建设目标

教师团队建设总体目标为,培养有高尚师德和对化学教育有热爱之心,能不断提高自身的职业道德和专业素养,能成为广大学生信赖的良师益友;有丰富的学识和扎实的专业功底,鼓励青年教师攻读教育专业硕士学位。同时具备较强的实施化学素质教育的能力,教师熟悉中学化学学科体系和基本的教育学、心理学知识,有良好的化学专业素养和学科技能;具备较强的教研科研能力,能积极参与课题研究。

四、学科学习质量目标

通过学生在初中一年的化学学习,使学生对化学产生浓厚的学习兴趣,帮助学生掌握初中化学的基本学习方法,并具备基本的科学素养和实验操作能力,使学生都能具备适应现代生活及未来社会所必需的化学知识、技能、方法和态度,具备适应未来生存和发展所必备的科学素养,同时又注意使不同水平的学生都能在原有基础上得到良好的发展,最终形成良好的化学学习氛围。

第四节　多角度建设五彩化学

依据《义务教育化学课程标准(2011年版)》,九年级化学教学重点落实化学启蒙教学,通过九年级化学的学习,让学生对化学学科有基本知识、基本理论的初步认识和了解,也为以后高中化学的学习打下良好的基础,同时也应体现化学学科实验探究的特点。化学五彩课程,推出了以下举措。

一、建设五彩课程,丰富课程体系

(一)五彩课程夯实基础知识

以每年的中考指导和中考真题为导向,逐步梳理出初三化学学科的知识树和框架图,并不断完善该项工作。开发、完善校本课程,建设适合我校学生的课程体系。利用网络试题平台,构建富有校本特色的学科资源库,充实化学学科教学资源。

(二)五彩课程丰富学科内容

生活中的化学:关注衣食住行中的化学问题。自然中的化学:了解酸雨,水的污染,空气污染等环境问题,研究如何实现"绿色化学"。社会中的化学:进行化学实验的改进和创新。

二、建构五彩课堂,提升教学质量

(一)五彩课堂生活化

化学与生活紧密联系,在化学教学中,要善于运用敏锐的洞察力和深刻的思考力,从生活实际中挖掘教学素材,例如厨房中调味品的酸与苦,就是化学中酸性、碱性的来源;有些化学知识,在生活和应用很广泛,例如金属的防锈处理,在生活中可以找到许多的应用。当我们将化学知识置于真实情境中,使问题生活化、具体化,不仅可以给学生进入知识的途径,还可以让学生感受知识的强大力量,培养学生学习的主动性,强化学生的知识应用能力,培养学生的创新意识。

(二) 五彩课堂实验化

化学以实验为基础,实验是学生认识化学的窗口。化学实验拥有千变万化的实验现象,探索变化原理是化学学科最大的魅力,最能吸引学生的注意,激发学生化学学习的兴趣。认真做好每一个演示实验,让学生在趣味盎然的实验中观察并积极思考,在热烈的讨论中活跃思维。教师及时地将学生的注意力吸引到所要观察的现象上来,深入分析,加深学生对知识的理解,同时创造机会让每个学生动手实验,并提出与实验有关的问题,要求学生做完实验后认真分析,发挥学生的主体能动性,培养学生发现问题、探究问题的能力,更好地巩固概念性知识。

(三) 五彩课堂幽默化

教师的语言是开启学生智慧之门的催化剂,是激发学生灵感的钥匙。采用幽默风趣、通俗易懂的语言可以拉近师生之间的距离,极易构建轻松愉悦的学习氛围。在愉悦的学习环境中,学生能更好地接受知识,也更愿意接受知识。让学习的过程不再是枯燥的灌输,而是教师和学生一起探索。

(四) 五彩课堂和谐化

平等和谐的师生关系是形成良好课堂气氛的基础。课堂互动中,学生对教师的人格态度、专业水平、教学方法,都会自觉不自觉地进行评价。课堂中,教师应热爱每个学生,尊重每个学生,关心每个学生,让每个学生觉得自己在教师心中有一席之地。如果每个学生经常感到教师对自己的爱、关心和尊重,便会激发出健康的情感,变得生气勃勃，产生积极的学习动机，在和谐的气氛中学习知识，培养能力。

三、开展五彩探究，启动学习引擎

根据学科特点和教学进程，积极开展各项特色活动，让学生真正体会到实验学科的魅力，并积极参与到化学学习中来。

（一）五彩探究是开放的

各种活动与各学科知识是相通相融，在趣味盎然的学科活动中学知识练技能。在学习知识的同时，设计相关的探究实验，培养学生学以致用的意识。例如，可以指导学生利用花瓣制作花汁指示剂，然后再利用花汁指示剂来判断生活中各种溶液的酸碱性。在学习了碳酸钙的性质后，可以指导学生调查碳酸钙在生活中的应用，理解碳酸钙在生活中的重要意义。用这些开放性的探究活动，促进化学知识的渗透。

（二）五彩探究是自主的

化学的学习，需要学生参与到探究活动中来。教学中需要设计多种探究活动，让学生在自主探究的过程中促进知识的理解，让化学成为一门"有用"的学科。

（三）五彩探究是持久的

依托学校的"科技节"，打造属于化学的探究专题。通过每学期的活动，培养综合应用各科知识的能力，促进学生全面素质提高。

四、建设五彩团队，打造学科特色

学科建设与教师的成长密不可分的，长期稳定的开展化学教育科研，鼓励教师争做研究型教师，为打造一支具有学科特色的"五彩团队"，我们开展"五个一"活动。

1. 开一节有特色的公开课。每学期在教研组内进行一次公开课展示及研讨。

2. 点评一节市区公开课或示范课。选一节市或区示范课进行深入研讨，每个老师结合自己的教学进行点评。

3. 设计一份精品教案。每个老师认真学习教学要求，明确教学目标，每学期设计一份精品教案，组内老师相互学习和借鉴。

4. 读一本教科研方面的专著。每个学期每个老师读一本教科研方面的书籍，并分享心得体会。

5. 主持或参与一项课题研究。每个老师参与到学校的学科项目活动中，制定出活动的目的，活动的实施方案，汇报活动的成果。

化学学科以发展科学核心素养为价值引领，秉承以学生为本的教学理念，从趣味化学入手，立足化学生活化，生活化学化，鼓励和引领学生积极参与化学学习，依据"五彩化学"的学科理念，实现师生双成长，教师乐教，学生好学，走出了一条富有学校特色的成功的化学学科建设之路。

（撰稿者：杨爱玲）

第九章

跨界历史：打造富有魅力的课堂

历史学科立足学生的生活经验和知识基础，通过具体、生动的情节，感知历史，清楚地了解具体的历史状况，力争从整体上把握历史，而不是孤立、分散地讲述历史知识，注重跨界教学和历史教学的整合，从多方面调动学生的学习积极性，激发学生学习历史的兴趣，培养学生提出问题和分析问题的能力，逐步养成探究式学习的习惯。

我校初中历史学科建设认真贯彻实施《义务教育历史课程标准（2011年版）》，积极推进课程改革，建构并形成具有区域示范性的、有特色的历史学科课程，努力提升学生的人文素养，不断提高教学质量，为学生可持续发展的学习奠定基础。同时打造具有扎实教育教学基本功，能积极探索课程与教学改革实践，掌握并运用现代教育技术开展课程开发和教育教学实践的教师队伍，形成具有较高知名度和较有特色的教师团队。

第一节　教研结合夯实发展基础

历史课程是人文社会科学中的一门基础课程，对学生的全面发展和终身发展有着重要的意义。义务教育阶段的历史课程在基础教育中占有重要的地位，随着新一轮课程改革的不断深入，学科教师勤于探索，诸多新的教学理念逐步形成，取得了丰硕的课改成果。

一、勇挑重担，敢于创新

市、区教研室领导和学校领导高度重视，为学科组建设提供了智力支持和行政保障。学科教师教学经验比较丰富，充分体现育人为本的理念，发挥历史学科的教育功能，以培养和提高学生的历史素养为宗旨，富有吃苦在前，无私奉献的精神，课堂上教学热情很高，有很强的责任心和上进心。

二、研教结合，以研促教

"以研促教"是教师发展的共识，以普及历史常识为基础，使学生掌握中外历史的基本知识,初步具备学习历史的基本方法和基本技能,促进学生的全面发展。学科教师积极参加市区教研活动,比如片区"同课异构"赛课活动以及市、区级教学论文、案例评选,并屡屡获奖。

三、建立学科课程群

经过了多年的探索和实践,学校建立了相互渗透,相互依托的史、地、政学科课程群,学校为学生提供了多样化的 V 课程选择,历史学科的电子书包课,学生学习的途径多样化,并且满足了不同学生的个体需求,注重培养学生的创新意识和实践能力。

四、充满趣味性的历史学科

初中生的心理尚处于半成熟状态,他们对各种事物充满好奇心,有极强的求知欲。历史本身是一门内容丰富、趣味性很强的学科。在浩瀚的历史长河中,每个历史人物、每个历史事件,都包含生动感人的真实故事,既情趣盎然,又意义深刻。古人云:学生于思,思源于疑。学生的质疑,求知欲的欲望就被激发起来了,提高了学习的积极性和主动性,进一步提升了学生的历史核心素养。

第二节 育人为本的跨界教学内涵

《义务教育历史课程标准(2011 年版)》提出历史课程是人文社会科学中的一门基础课程,对学生的全面发展和终身发展有着重要的意义。[①] 我校针对性地开展了相关的 V 课程,打造富有魅力的历史课堂。

---

① 中华人民共和国教育部. 义务教育历史课程标准(2011 年版)[M].北京:北京师范大学出版社,2012:1.

一、学科性质观和价值观

历史这个词通常有两种含义,一方面,它指的是人类所经历所创造的一切,指的是人类的全部;另一方面,历史指的是人类对自己过去的回忆和思考。这两方面,前者可以称之为历史的本体,后者可以称之为历史的认识,当这种认识活动成为一种专门的学问时,就是我们通常所说的历史学。历史学科价值观是对历史的事实判断与价值判断的辩证统一,是从人文研究的真、善、美追求中凝练出来的价值取向。从其内涵分解有三层含义:一是能够理解对历史的价值判断是以史实为基础的,但又是依据一定的价值观对史实做出的主观判断;二是能够认识到分辨历史上的真伪、善恶、进步与倒退,以及公平、正义与否,是学习历史的主要目的;三是能够将对历史的认识延伸到对自身成长和现实社会的认识上,能够从历史中获取有益的养料,从实践的层面体现历史的价值。由此可见,历史学科价值观决定了历史是富有内涵和魅力的。

二、学科核心理念

(一) 跨界教学,收获学习快乐

《全日制义务教育历史课程标准》(实验稿)指出:随着广播电影电视事业的飞速发展,近年来历史题材的影视作品和录音大量增加,成为一种非常重要而且容易获取的历史课程资源。[①] 文献纪录片一般能够真实生动地再现某段历史,刻画某些历史人物,叙述某些重大历史事件,对学生理解和体会历史有不可替代的作用,是应重点利用的音视频资源。

[①] 中华人民共和国教育部. 义务教育历史课程标准(2011年版)[M]. 北京:北京师范大学出版社,2012:46.

(二) 跨界教学,突出育人为本

历史学科教学立足育人为本的教育理念,发挥历史学科的教育功能,以培养和提高学生的历史素养为宗旨,引导学生正确地考察人类历史的发展进程,逐步学会全面、客观地认识历史问题。

(三) 跨界教学,促进思维成长

对于比较接近历史实际的影视作品和娱乐性的历史题材影视作品,可以有选择地加以利用,因为它们或多或少能够提供某一特定历史时期的社会生活风貌,有益于学生从不同角度观察和感受历史,增强他们的历史感和历史理解能力。因而优秀的历史影视作品可以拓宽历史课程的情感教育功能,潜移默化地对学生进行情感态度与价值观方面的熏陶。历史影视作品在历史课堂教学中灵活应用以及在历史课堂之外的有机利用,对激发兴趣、盘活课堂、拓宽思维领域起到了不可低估的作用。

第三节 回应合格公民的学科目标

《义务教育历史课程标准(2011年版)》提出通过义务教育阶段历史课程的教学,使学生初步形成正确的世界观、人生观和价值观,为成为拥有良好综合素质的合格公民奠定基础。[1] 结合学校现状及建设愿景,历史学科团队开展了跨界历史教学,提出了打造富有魅力的高效历史课堂。

一、学科课程建设目标

根据上海市关于"基础型课程、拓展型课程、探究型课程"的分类,我们设计了历史

---

[1] 中华人民共和国教育部. 义务教育历史课程标准(2011年版)[M]. 北京:北京师范大学出版社,2012:5.

学科的课程内容及发展目标。首先,基础性课程:加强历史学科课程改革与研究力度,以课堂改进为重点,加强推进体验式教学方式和整合式教学方式的探究和研究;其次,拓展性课程:开发形成校本课程教材,将已形成的校本课程《探访历史》《上海乡土历史》等形成课程体系并正常开设;第三,探究性课程:如积极开展主题探究活动、公民教育实践活动等。

二、学科教学改革目标

实现教学方式和学习方式的转变,是推进课程改革的必然选择。教学方式的转变要求坚持先学后教,做到以学定教,以学论教;学习方式的转变要落实自主、合作、探究的基本方式,注重培养学生自主学习的意识和习惯,指导学生选择适合自己的学习方式。实现上述两方面的转变,要以明确具体的教学目标为导向,以科学有序的课堂组织为保障,在优化课堂结构的基础上,突出本学科特点,努力打造以自主学习能力培养为特色的开放式、个性化的课堂。

三、学科团队建设目标

学科教师通过不断学习,加强教学科研,投身教学改革,聚焦课堂教学,切实提高教学质量,争取在历史教学中积极推进素质教育;争取成为区内有一定影响力的品牌教师。

教师发展目标:在课程改革的实验过程中,促进学科教师树立新的教育观念,加强自身师德修养,提高教学、教研、信息整合等专业水平。三年中,在个人努力下和区校各方面的帮助之下,力争成为研究型的教师,在教学上具有独特风格、能独当一面的专业型教师;科研能力有明显的进步,面对教学实践中的一些难题,逐步做到:能够提出问题,分析问题,并能提出解决问题的方案。

四、学科学业质量目标

教学评价是根据一定教学目的和教学原理,运用切实可行的评价方法和手段,对整体或局部的教学系统进行全面考查和价值判断。我们根据学校的质量分析体系,对学生进行测试成绩评价。历史学科成绩"三段一体"总体在全区保持领先,使全体学生终身学习必备的学科能力在初中阶段能够初步形成,引导学生培养良好的学习习惯,提高学科素养。

第四节　内外兼修的学科建设生态

《义务教育历史课程标准(2011年版)》提出:力求体现历史课程的基本理念和设计思路,注重对基本史实进行必要的讲述,注意历史知识多领域、多层次的联系,提倡教学方式、方法和手段的多样化。[①] 历史学科团队针对性开展了跨界课堂,推动了打造富有魅力的高效历史课堂。

一、跨界课堂,推进学科教学改革

跨界课堂是探究的课堂,帮助学生在历史课堂活动中收获学习的快乐。结合历史学科的特点,我们重点推进历史与影视教学改革,以历史题材影视作品为主题开展研究性学习,通过有目的有计划地开展研究性学习活动,培养运用所学知识分析、解决问题的能力,让学生学会求知,学会做事,学会共处,学会做人。

---

① 中华人民共和国教育部.义务教育历史课程标准(2011年版)[M].北京:北京师范大学出版社,2012:36—37.

跨界课堂是有深度的课堂。历史题材的很多影视片,尤其是反映古代和近代政治斗争的故事,无论以人物为主题还是以事件为主要表达线索,均十分强调"寓教于乐"的重要功能,学生通过观赏了解有关情节,可以加深对历史教育过程中关于情感、态度和价值观的深刻感悟,通过银幕上历史英雄人物的言行和推动人类社会文明进步的重大历史事件的再现,提高自身的思想认识水平,从而达到素质教育强调的历史情感教育的目的。

跨界课堂是体验的课堂。全面落实素质教育的精神,积极探索和实施体验式教学模式,培养学生独立思考的能力,激发学生的创新意识,努力实现两个转变,即从以"教育者为中心"转向以"学习者为中心",从"教会学生知识"转向"教会学生学习"。提高学生对历史学科学习的兴趣,引导学生掌握学习的方法,使之成为学习的主人。教育教学始终面向全体学生,尊重学生,正视个性差异,因材施教,为所有学生的个性发展提供和创造宽松的环境。

跨界课堂是智慧的课堂。中学历史大多是对历史事件发生原因的分析,事件的本质以及事件产生的影响等,内容相对枯燥,学生也比较难于理解,通过"跨界课堂"可以让学生感知大量具体的、生动的、形象的感性认识,弥补了文字教材的不足,养成学会运用历史思维看待现实问题的方法,让学生形成"历史智慧",把历史和现实联系起来,完成思想上的转化和创新,形成自己独到的见解,学有所得,以史为鉴,读史明智。

二、跨界课程,建构学科课程群

围绕 VIP 课程积极开发历史学科校本课程,引导不同层次的学生走上成功。比如主题探究实践活动(心理、道德、法律、国情)、阳光课堂(初中生心理)、公民教育实践活动(关注社会,增强公民意识)等。开设系列 V 课程:历史人物评价辩论会、编辑历史考古小报(近期考古重大发现)、历史邮票、历史图片展览课、绘制古代服装模型,真正理解"唐装"、寻找先人足迹活动课、古代音乐和唐诗宋词欣赏会等等。

三、跨界团队，组建学习型学科团队

书籍是人类宝贵的精神财富，是采掘不尽的富矿，是经验教训的结晶，是走向未来的基石；读书是人们重要的学习方式，是人与崇高精神的神圣对话。学科教师要大力营造书香学科的氛围，通过书香学科的建设计划，发动人人参与，让书香弥漫生活。学科教师要做与书为伴的教师，进而点燃教师的阅读热情，使"教师阅读制度"在浓郁的书香氛围中逐渐形成，教师的专业积累和人文积淀逐渐丰厚。

四、跨界学习，提升学科学习品质

影视集艺术、科技知识为一体，声图并茂、视听兼顾，具有极强的感染力。著名学者爱因海姆曾说："电视是对我们的智力所提出的一种新的严峻考验。如果我们成功地掌握了这一新兴媒介，它将为我们造福。"对很多人来说，了解历史的主要途径就是通过电视和电影。影视作品，除了娱乐作用外，还有重要的认识作用和教育作用。别林斯基把它誉为"社会的家庭老师"。跨界学习充实了学生的精神生活，学生的情感、意识和良好的品德行为在他们感兴趣和积极参与的影视教育活动中潜移默化地形成，在深化教育中巩固和发展，从而增进身心健康发展，使学生终身受益。

历史是一面镜子，读史可以明鉴，知古可以鉴今。成长过程中，物质越充裕，孩子就越不懂得感恩，越不懂得勤勉。反之，给孩子正确的教育，是让孩子懂得困难与艰辛，引导孩子学会勤俭和努力，才是对孩子最深邃的馈赠，而"历史"就是最为珍贵的教育宝库。

（撰稿者：朱文蓉）

第十章

开放地理：让学生成为课堂的主角

开放式的地理课程，提供了未来公民必备的地理知识。学生通过开放式的地理课程学习，关注到人口、资源、环境和区域发展等问题，从而正确认识人地关系，形成可持续发展的观念。让学生逐步形成人地协调观、综合思维、区域认知、地理实践力等地理学科核心素养，学会从地理视角认识和欣赏自然与人文环境，懂得人与自然和谐共生的道理，提高生活品位和精神境界，是"开放地理"的旨趣。

第一节　知行合一的学科建设基调

依据《义务教育地理课程标准(2011年版)》,为切实培养学生地理实践力,提升教师地理教育教学素养,提高地理学科教学效率,实现学校一切为了学生的和谐发展目标,学校推行了"开放地理"特色学科建设,取得了显著的成效。

一、教学相长,知行合一

我校每个进行的校本研修,每次围绕一个主题,外请专家、骨干教师做指导与经验交流;市、区教研领导经常组织教研活动,进行比赛、听课、研讨、讲座等;这有力地促进学科教师的专业化成长。此外,我校地理学科已经有电子书包课堂课题研讨活动,并成功承担区展示研讨课的重任,斩获闵行区、上海市多项大奖。

二、守正出新,精业笃行

地理学科教师对待工作充满热情,能够做到主动学习、夯实学科功底,确保地理教学质量;地理学科教师能积极参加各级各类地理教学比赛,不断地突破自我,提升执教水平。

第二节　用世界眼光发掘地理内涵

《义务教育地理课程标准(2011年版)》指出:地理课程是一门兼有自然学科和社

会学科性质的基础课程,兼有多种特征。现代社会要求公民能够科学、充分地认识人口、资源、环境和社会等相互协调发展的重要性。[①]

一、学科性质

第一,区域性。即展现各区域的自然与人文特点,阐明不同区域的地理概况、发展差异及区际联系;第二,综合性。义务教育地理课程初步揭示自然环境各要素之间、自然环境与人类活动之间的复杂关系,从不同角度反映地理环境的综合性;第三,思想性。地理课程突出当今社会面临的人口、资源、环境和发展问题,阐明科学的人口观、资源观、环境观和可持续发展的观念,富含热爱家乡、热爱祖国、关注全球以及可持续发展思想的教育内容;第四,生活性。地理课程内容紧密联系生活实际,突出反映学生生活中经常遇到的地理现象和可能遇到的地理问题,有助于提升学生的生活质量和生存能力;第五,实践性。地理课程含有丰富的实践内容,包括图表绘制、学具制作、实验、演示、野外观察、社会调查和乡土地理考察等,是一门实践性很强的课程。

二、学科核心理念

(一) 开放地理即生活

通过构建开放的地理课程,引导学生学习对生活有用的地理、学习对终身发展有用的地理;引导学生在生活中发现地理问题,理解其形成的地理背景,提升生活品位,增强生存能力。

(二) 开放地理即未来

引导学生从地理角度关注自然与社会,逐步形成人地协调与持续发展的观念。

[①] 中华人民共和国教育部.义务教育地理课程标准(2011年版)[M].北京:北京师范大学出版社,2011:1.

(三) 开放地理即创新

着眼于学生创新意识和实践能力的培养，着力拓宽学习空间，倡导多样的地理学习方式，鼓励学生自主学习、合作交流、积极探究。地理教学中引入开放式教学理念，构建开放式教学体系。给学生提供实践应用的机会，拓宽学生的空间和视野，从而落实地理核心素养。

第三节　回应核心素养的学科目标

《义务教育地理课程标准(2011年版)》的总目标是：掌握基础的地理知识，获得基本的地理技能和方法，了解环境与发展问题，增强爱国主义情感，初步形成全球意识和可持续发展观念。[①]

一、学科课程建设目标

开放式地理课程的建设目标为：尊重学生学习和发展规律，用初中生喜闻乐见的方式组织课程内容，实施教学；从学生实际出发，注重与社会实践的联系。引导学生自主参与丰富多样的活动；有机整合心理、道德、法律、国情等多方面的学习内容，将情感态度价值观的培养、能力的提高、知识的学习与思想方法思维方式的掌握融为一体。

二、学科教学改革目标

现代课堂教学观认为，课堂教学是实施素质教育的主渠道，但不是唯一的渠道。

---

① 中华人民共和国教育部. 义务教育地理课程标准(2011年版)[M]. 北京：北京师范大学出版社，2011：5.

学科教师要树立开放性课堂教学观念,建立课内和课外相结合的学习基地,开展地理观测、地理考察、地理调查和地理专题研究等实践活动,为学生营造更加广阔、真实的探究、学习空间,倡导学生自主学习、合作学习和探究学习。

三、学科团队建设目标

地理学科教师通过不断学习,加强教学科研能力,投身教学改革,聚焦课堂教学,切实提高教学质量,争取在地理课教学中积极推进素质教育;争取成为区内有一定影响力的教师。

四、学科学习质量目标

通过开放式的地理教学模式,学生在初中阶段就能够初步形成终身受用的必备学科能力,培养良好的学习习惯,提高地理素养,用所学的地理知识为生活服务。

第四节 培养生存能力的学科生态

《义务教育地理课程标准(2011年版)》标准指出:地理课程要提供给学生与其生活和周围世界密切相关的地理知识,增强学生的生存能力。[1]"学习对生活有用的地理"是课程改革中最核心的理念。构建初中地理开放式课堂,不仅是为了高水平地达到课程标准的要求,而且是为了培养学生学习地理的兴趣、奠定坚实的学科基础。

---

[1] 中华人民共和国教育部. 义务教育地理课程标准(2011年版)[M]. 北京:北京师范大学出版社,2011:3.

一、建构开放地理课堂，推进地理学科教学深度转型

构建开放式地理课堂是一种教学理念，其核心是以学生的发展为本，教学中以学生为主体，培养学生自主学习能力和实践能力，激活学生学习兴趣，提高创新意识和发现问题以及解决问题能力，充分发挥学生创造性、想象力以及学习的主观能动性。

（一）开放式地理课堂的实践操作

1. 自主探究的开放地理。开放地理大大提高了学生的学习兴趣，帮助学生形成自主学习的态度，培养综合学习能力。在六年级世界地理以及七年级中国地理内容的学习过程中，要求学生在掌握课本的必学知识外，能够开展自学活动。学生可以通过课外书籍阅读、网络资料查找等方法，自主选择国家、省区，并按地理课上掌握的学习国家和区域地理的方法，归纳、整理自学内容，形成既有知识性、又有趣味性的文本材料。这项活动可以单独完成，也可以通过小组合作形式完成。然后，老师提供一定的课时，学生开设以"自主学习，认识国家"或是"自主学习，认识区域"为主题的地理展示课，学生们分享、交流自己的学习教材。

2. 数字化环境下的开放地理。地理课堂教学过程中融入信息技术的应用，进一步丰富教学内容、增强互动环节，提升课堂的趣味性，丰富学生的学习体验。

3. 源于生活实践的开放地理。在"上海乡土地理"内容教学中，可以结合实际知识点，开展课外实践、考察活动。课外考察是认识地理事物与地理现象最直接的途径，也是学习地理知识、研究地理问题最基本的技能和手段。学生的知识和技能，只有通过探究性学习和实践活动的方式，才会更加巩固。乡土地理的学习和考察，更能帮助学生认识家乡的生活环境，引导学生学以致用，培养学生的实践能力，树立可持续发展的观点，增强爱国、爱家乡的情感。

(二)开放式地理课堂的评价标准

开放地理的评价方式是多元的,除了设计常规作业和考试,对学生的基础知识和基本技能、地理知识内容实际的理解程度进行评价外,还可以通过设计实验表,了解和重视学生实际分析问题和解决问题的能力,将学生的解决问题过程记录下来,观察学生整个学习过程的表现,然后对学生学习态度进行评价。也可以开展学生自评、互评,家长参与等评价方式。学生通过自评了解自己对地理知识掌握的程度,正视自己的不足,再完善自我;通过学生间互评,增加沟通与交流,增强公平公正性。家长也可以参与到开放地理评价中,鼓励学生提高学习热情。

二、开发开放地理课程,建构特色学科课程体系

开放地理课程是指地理教学内容的开放性,就是要创造性地应用教材,使教材走近学生,真正成为学生学习和创新的有力凭借。教师要善于把教材知识与学生的生活实践联系起来,挖掘学生身边蕴藏的许多熟悉、新奇有趣的地理问题、地理教学的"活"教材,为教学所用,寓地理知识于学生的生活之中,让学生能用地理的视角去审视、观察世界,解决生活中的实际问题。

(一)开发"开放地理"课程

充分利用学校 V 课程平台,开发生活实践类的开放地理课程。

1. 生活实践类课程。如玩转地图(绘制校园平面图、"让小区更美"的区域规划图);地理工具制作(制作区时换算盘、制作简易地球仪、活动星图等)。

2. 自然灾害自救类课程。《国家地理杂志》解读,"地质灾难自救场景"模拟,学生设计以"全球变暖""世界环境日"为主题的公益广告、排演情境剧,组织地理知识竞赛。

3. 项目式学习类课程。如创意地图大赛,学生通过项目式学习方式来完成一幅创意地图,在这个过程中,学生会将地理学科和生活实际紧密联系起来,完整地经历提出问题、规划方案、修订方案、解决问题、形成成果、展示交流、评价改进各阶段。在这

个综合性的问题解决过程中,学生不仅锻炼了地理思辨和决策能力还提升了对地理知识的实践应用能力和迁移创新能力。

开放地理课程不仅丰富了学生的地理学习体验还提升了学习兴趣。

(二) 开放地理的课程评价要求

开放式地理课程评价过程中,我校采取了档案袋评价法,要求学生建立自己的开放式地理课程学习档案袋,学生将平时点滴学习成果、学习作品、搜集的资料收入档案袋内。总之,"开放式地理课程"的评价更注重学习过程评价和学习结果评价的结合。

多样的评价手段能够针对不同的地理学习任务、不同程度的学生,起到及时了解学生学习状况、促进与鼓励地理学习的良好作用。

三、 推行开放的地理教学,全面提升地理教学质量

开放地理要求教师要打破教学常规,突破课堂、课内外、学科和学习程度的限制,形成开放式的教学方式,进一步拓展学习地理的应用和研究领域,给学生创造一个开放性思维环境,开发学生的创造性。

在开放式地理课程学习的过程中,学生会依据自己的理解程度去学习、去思考,去主动获取地理知识并进行深刻理解;学生通过动手实践、亲身体验,通过失败和成功的实践,加深对知识的理解和运用,从而掌握最佳学习方法,全面提升学习质量。

四、 点燃开放的地理科研,带动学科团队建设

地理教师以课题研究为载体,围绕课题开展"开放式地理教学"的各项学习活动和实践研讨活动,实现教研和科研的紧密结合,提高"开放式地理"教育教学活动的针对性、系统性、可操作性和实效性,从而促进教师业务和教科研水平以及学科教学质量的全面提高,推动学科组的建设。

地理学科教师要积极参与课堂调研、听课评课；开设学科内的创新展示课、学科间的教学能手评选等活动；加强学习、交流，在学科特色、个人特色、育人水平等方面，发现问题，挖掘优秀典型，进行研究和推广，提高开放式地理课堂整体教学水平。

五、丰富开放的地理资源，满足学生个性化学习需求

第一，掌握学校地理课程资源的情况，分门别类建立地理课程资源档案，并逐步建立基本的地理课程资源库。如教科书以及教学所需的地图库、地理挂图、地理模型（如地球仪、等高线地形模型）、地理标本（岩石和矿物标本）、实验器材、图书资料、电教器材、教学软件、教学实践场所等。

第二，制定出新授课、复习课、试卷讲评课的教学规范和教学要求，提高课堂教学的效率。搜集相关市级、区级优质课程录像资料，学习亮点，发现不足，加强反思，促进教师专业成长。

第三，建立学科信息资源库。如习题资料；视频、音频、图片等素材资料库；开放式地理课程课件库等。

地理学科的价值引领最终是要指向生活，是让学生学会正确对待生活、正确对待社会、正确对待人生。而生活是地理学之源，联系社会生活是地理价值引领的原点、出发点和归宿，也是地理学科独特的价值所在。因此，在地理学科教学中应遵循源于生活、回归生活原则，在地理学科核心素养的培养上，增大地理教学的开放性，鼓励学生自主探究，培养学生的创新精神和实践能力。

（撰稿者：马文婷）

第十一章

活力体育：在绿茵场上自由地奔跑

为切实培养学生体育核心素养，提高体育学科整体质量，我们本着"小学体育兴趣化、初中体育多样化"的课程改革要求，提出"活力体育"之学科建设理念，即教师通过新课程理念指导教学，遵循学生心理发展和认知的规律，精心设计每个环节，充分调动学生的主体意识，让体育充满活力，通过多年的不懈努力，体育特色学科建设取得了显著成效。

第一节　亦教亦研助推团队发展

学校体育教研组有 11 位中青年教师,平均年龄 35 岁左右,其中一位教师是区级希望之星,一位是校品牌教师,还有三位校双语教师,党员人数占比一半,综合来看体育组教师团队是一个研究型、有活力,追求卓越的团队。

一、 拥有可持续发展的基础

学校领导对体育学科发展给予高度关注,具备完善的管理架构。体育组建设蒸蒸日上,连续多年获得区级阳光体育大联赛的团体总分前八,并获得专项奖励,同时在男篮、女篮、武术、中小学啦啦操、足球等比赛中均取得优异的成绩,在学校教育评比中曾荣获优秀教研组。体育组教师队伍稳定,男女比例合适,教研组充满积极向上的氛围。学校具备完善的体育设施、设备,为"活力体育"特色课程的发展奠定良好的物质与空间基础。

二、 教师团队富有朝气活力

在教研组团结协作的环境下,积极发挥每个人的专业特长,充分调动每个组员的积极性。在教学上,大家不分彼此,积极动脑,交流思想,分享心得。年轻人工作上积极肯干,不怕苦、不怕累,老教师积极帮教扶持,教研组长虚心倾听大家的意见和想法,开拓性地开展工作,锻造出了一个极具凝聚力和创造力的团队。

三、优质引领打造骨干教师梯队

体育组有 1 位品牌教师和 1 位骨干教师,两位教师积极引领团队开展教育教学的研究工作。除了日常常规的教学工作以外,积极研究课题,如《初中体育活动课专项教学的实践与研究》,正式申报市民办协会萌芽课题,结题并获得优秀课题。从 2012 年开始,每年积极申报校级课题,突破研究教学领域中瓶颈问题。整个教研组的工作思路清晰,工作效率高。骨干教师配合教研组长分担部分的工作、发挥个人的优势,弥补短板。

第二节 多元立体挖掘活力内涵

《义务教育体育与健康课程标准(2011 年版)》提出了体育学科的课程特点、核心素养和核心价值,我校针对性的开展了体育特色学科建设,实现了"活力体育"特色课程的推广。

一、学科性质观和价值观

《义务教育体育与健康课程标准(2011 年版)》从课程特点和价值角度对课程性质作出表述:以身体练习为主要手段,以传授体育健身知识、技能和方法为主要学习内容,以促进学生身体、心理和社会适应能力全面发展为目标,选择与创新体育教学方法和手段,帮助学生掌握体育健身知识、技能和方法,提高体能和运动水平;引导学生体验学练过程,关注态度、情感和行为的变化,提高自主健身能力;学生通过课程的学习、体验、自我锻炼和自我健康管理等教育教学活动,获得必备品格与运动认知、健身实践、社会适应等关键能力的有机融合,适应未来社会的需求。①

二、 学科核心理念

活力体育重点提出:尊重学生体育需求,让学生"活"起来;营造浓厚的教学氛围,让课堂"活"起来;改变教学内容与方式,让教师"活"起来;精心策划比赛项目,让校园"活"起来。重点从五个方面来诠释活力体育:即"活力"课堂、"活力"课程、"活力"比赛、"活力"团队、"活力"社团。

第三节 让运动成为生活的习惯

《义务教育体育与健身课程标准(2011版)》提出了体育与健身课程是一门以身体练习为主要手段、以增进学生健康为主要目的,是学校课程体系的重要组成部分。② 结合学校现状及建设愿景,体育学科团队开展了"活力"体育特色课程的研究,提炼了"活力"体育的核心理念以及多维度目标。

一、 学科课程建设目标

体验运动的乐趣和成功,养成良好的锻炼习惯,形成健康的生活方式和乐观开朗的态度。使师生个性绽放,同时激励教师教学创新,个性得到充分的发展和张扬。

---

① 中华人民共和国教育部. 义务教育体育与健康课程标准(2011年版)[M]. 北京:北京师范大学出版社, 2012:64.
② 中华人民共和国教育部. 义务教育体育与健康课程标准(2011年版)[M]. 北京:北京师范大学出版社, 2012:64.

二、学科教学改革目标

积极探索教学模式,创新体育活动内容、方式和载体,增强体育活动的趣味性和吸引力,不断改进教学方法,切实提高教学质量。充分重视对教材的研究,制定明确的课堂教学目标,立足"动",重在"创",体现"活",充分凸显学生的主体性和教学的层次性。

三、学科团队建设目标

加强对青年教师的培养和培训,形成师徒带教的机制,加强双语教师、骨干教师的梯队建设。3—5年内新教师达到对教学知识有较系统的把握,能很好地驾驭课堂。骨干教师达到对所教学科知识有深刻的认知,有自己独特的教学思路和风格,最关键的是能够熟悉各学段的知识体系。老教师达到对体育学科知识有独到的见解,知识面广,教学方法娴熟,深厚的教育理论功底与丰富的教学实践相得益彰。

四、学科学习质量目标

体育与健身课程必须从体能发展目标、运动技能目标、心理发展目标、社会适应发展目标等四个领域体现。根据"活力体育"课程实施要求,形成学校体育校本特色培养目标:

(一) 基本掌握两项以上健身运动的基本方法和技能;能科学地进行体育锻炼。

(二) 全面发展与健康有关的各种体能,提高自己的运动能力。

(三) 根据自己的能力设置体育学习目标,养成积极乐观的生活态度;体验运动的乐趣和成功的感觉,克服各种困难,表现出良好的体育道德和合作精神,正确处理竞争与合作的关系。

第四节　立体式推进体育学科建设

《义务教育体育与健身课程标准(2011版)》提出了体育学科以"健康第一"为指导思想,突出学生的主体地位,努力构建发展性的评价方式,学科团队针对性的开展了"活力"体育的五大模块的研究,推动了"活力"体育向广度和深度发展。

一、建构"活力课堂",推进体育教学深度转型

所谓"活力课堂",其本质指向的是一种全方位激发师生课堂教与学的活力、优化教学环节,完善提高课堂教学效果的理论体系。教师在发挥主导作用的同时,突出学生的学习主体地位。在体育课堂中,教师要讲得精与少,学生要练得勤与多,让学生更多地体验、感悟。要创设师生和谐互动、形式灵活多样、气氛热烈活泼的体育课堂教学氛围,充分调动学生的学习积极性,激发学生内在的学习动机,注重教学的实际效果。

(一)"活力课堂"的要素

1. 基于学科核心理念的教学主张。随着新一轮教改行动拉开序幕,在学校"享受教育"的教育背景下,我组教师基于体育学科核心理念"活力体育"的指导下,不断探索适应学生发展的教学方式和学习方式,通过广泛的学习,寻求理论支撑;专家引领,获得专业支持;不断修改,提炼教学主张,并且架构起自己的"活力课堂"教学模式。

2. 基于教学主张的活力课堂设计。有效的"活力"课堂是每位老师教学工作的追求和理想目标。在教学中,为了营造一个具有"活力"课堂,每位教师对自己的课堂教学进行充分的研究,吃透教材,关注教学目标的达成度,关注学生学习的有效性。在组织有效的教学活动、把握活力课堂的基础上,也要注重把控课堂常规的管理。

(二)"活力课堂"的价值追求

1. 教学内容要"活"。教学内容是课堂教学的主要依据,教学内容设置合理,直接影响到整个课堂教学质量。要使课堂有活力,应该先从教学内容的选择和设置入手,考虑以下几个方面。第一,教学内容要面向学生,着眼于学生未来,能为自身体育的形成打好基础;第二,教学内容要贴近学生的生活实际,有利于与社会体育接轨;第三,教学内容丰富多彩,灵活多样,教材要融民族体育、健身项目、娱乐项目于一体。

2. 教学过程要"活"。课程改革提倡课堂教学收放结合,既要放得开,又要收得拢,教学节奏有快有慢,有起有伏,节奏的变化要靠教师去调控,它既包括教学内容之间的承前启后,还要包括练习密度和强度的安排。还有,在教学中,应组织学生进行分层学习,对学生进行分层指导和分层评价,使整个教学过程活而有序,同时,教师要善于激发学生积极思维,尤其是创造性思维,鼓励学生大胆提问。

3. 教学评价要"活"。课堂教学中,评价的主导关系是教师对学生的评价。那么教师应从多维度来评价学生。第一,在学生练习时,对所学动作技术掌握较好时,教师要对学生予以肯定,让学生体验到成功的乐趣;第二,当学生遇到难度动作,或者动作失误时,教师要及时评价,予以鼓励,适当消减低落的负面情绪;第三,任何学生都有优缺点,当学生取得一点成绩,教师要及时鼓励,发现"闪光点";最后,要提倡学生自我评价,自我反思,实现自我发展。

4. 场地器材设计要"活"。活力课堂,我们不仅要在教学内容、教学方法、评价上改革创新,如何合理安排场地器材,也需要老师去动脑。丰富多彩,变化多端的场地设计,不仅给学生耳目一新、赏心悦目的感受,而且能激发学生学习的好奇心,激发学习的欲望,激活创新激情。

(三)"活力课堂"的评价标准

学校用多种方式评价课堂的有效性,具体量化表格内容。(见表11-1)

表 11-1 上海市民办复旦万科实验学校"活力课堂"评价标准

评价项目	评价要点	对评价特征的描述	分值				得分
教学目标	1. 目标设置	教学目标的设计符合课程标准要求,与学生的心理特征和认知水平相适应,表述具体、准确。	10	8	6	4	
	2. 层次划分	尊重学生的认知规律,关注学生的个体差异。					
教学内容	3. 内容选择	教学内容新颖,重难点把握准确,密度和强度适宜,注重对教学内容的总结和提升。	20	16	12	8	
	4. 呈现方式	有效整合三维目标。					
教学结构	5. 上课环节设计	教学的环节和步骤清晰,层层递进。	20	16	12	8	
	6. 教学手段	教学方法手段丰富、有创意。					
课堂气氛	7. 师生互动	课堂气氛轻松、愉悦和谐,师生之间平等交流。教师指导学法得当,体现自主学习、探究学习、合作学习,鼓励学生积极参与到教学的各个环节。学生在教师的引导下大胆、自信、敢于质疑。	25	20	15	10	
	8. 生生互动	学生在课堂上探究、合作、交流。					
教学效果	9. 学生评价	学生学习情绪高、兴趣浓,在课堂上体验到学习和成功的愉悦,有进一步学习的愿望,每个学生都有不同程度的收获。	25	20	15	10	
	10. 教师评价	教师情绪饱满、热情、有感染力,善于唤醒学生的自主意识,激发学生的学习兴趣。					
	11. 目标达成	教学目标达成度高,让学生反馈和总结。					

二、开发"活力课程",形成有特色的体育课程体系

(一) 开发具有校本特色的"活力课程"

1. 初中体育活动课专项教学。专项教学课程打破了日常体育课、活动课的教学

常规,打破班级授课的制度,学生根据自己的兴趣和爱好,选择学校提供的项目进行选项上课,每学年选择一个项目来学习,真正让学生学以致用,为终身体育打下良好的基础。

2. 一年级空手道课。小学一年级将空手道作为校本课程引进校园,小学阶段作为传播、普及、发展的主要阵地,对于空手道校本课程的构建与研究更是重中之重,也为学校在体育教学中进行兴趣教学提供了可行性的参考。通过该课程开展,提高学生的自我保护意识,为学生在危机处理中提供防御的手段。其深厚的文化内涵和武德教育在众多竞技运动中独树一帜,深受广大青少年喜爱。

3. 二年级网球课。炫动"网球"活力课程,包括网球操,网球普及课,小型的网球技能比赛,年级网球比赛。通过炫动"网球"一系列的内容,使学生更加喜欢网球这项运动。让学生在学习网球运动的同时学会尊重、坚韧、拼搏与独立,培养学生自我管理能力、专注力和团队协作能力。

4. 三年级棒球课。我校引入棒球专项运动走进校园,作为学校体育特色课程。旨在通过开展特色课程使我校学生在学习棒球运动文化精神和运动技能过程中,提高体质健康的同时,增强团队合作与无私奉献的精神,与此同时培养其竞技能力,为我校竞技体育棒球项目后备梯队人才提供选材尝试可能性。

(二)"活力课程"评价

1. **成果性评价**:要求学生掌握该项体育技能,参与制作一副创意小报,讲一个与该课程相关的体育故事,录制一段微视频。

2. **展示性评价**:对每个"活力课程",我们将进行一年的教学,在学期末开展展示课,评价学生一年来对该课程的掌握情况。

3. **过程性评价**:在每节课的教学中,对学生的出勤、课堂常规、核心素养的培养等方面进行过程的评价,并及时反馈给学生。

三、 打造"活力团队",让享受教育不断深入和辐射

"活力团队"建设目标是良好的师德和对体育教育的热爱之心;具有集体观念和团队意识;具有健康的体魄、积极向上的良好心态和合作精神;能够结合自己的教学风格,构建自己的教学主张,并将其充分运用到课堂教学中。以课堂教学改革为重点;深入开展教学研究,有扎实的教学功底;鼓励年轻教师有较强的科研意识,能参与课题研究。在带好新教师的前提下,新老教师教学互补,共同提高业务水平。

四、 开展"活力比赛",缤纷校园

(一) 根据学校现有的条件、学生的需求以及年度时间轴,开展了六大"活力"比赛,让校园真正"活"起来

1. 2—3月拔河比赛:拔河比赛是中国的传统体育活动,在比赛中能够很好地体现队员之间的团结协作能力,从而加强参赛团体之间的合作、交流,增强整个参赛队伍之间的凝聚力。

2. 4—5月篮球比赛:篮球比赛能够很好地体现队员之间的团结协作能力,从而加强参赛团体之间的合作、交流,增强整个参赛队伍之间的凝聚力,提高学生的篮球技术能力。

3. 9月游泳比赛:借体育节契机,举办"泳士"演绎水上"速度与激情"为主题的游泳比赛,比赛设立了蛙泳、自由泳两个单项,以及接力比赛,让孩子们真正上演一场水上的较量,角逐属于他们的荣誉。展现复旦万科学子的团结一致,锐意进取的精神面貌。

4. 10月体育节:一年一度的体育节是检验我校体育工作开展的情况,也是教育背景下的体育盛会,更是展示我们全校师生的精神风貌的一场盛会。

5. 11月足球比赛:为了丰富课余文化生活,活跃校园文化气氛,增进友谊,加强

各班级之间的交流,积极推动校园足球运动的推广和发展。

6. 12月长绳、短绳比赛:"两跳"活动旨在提高学生参加冬季户外运动的积极性,以"面向全体学生,人人参与阳光体育运动,促进学生健康成长"为活动宗旨,激发学生运动兴趣,培养了学生终身体育的意识,增强了广大学生的体质。从而活跃了校园文化生活,培养了学生综合素质、团队意识和集体主义精神,营造校园体育文化氛围,促进学生全面健康发展,让学生们在运动中得到快乐。

(二)"活力比赛"评价要求

1. 比赛项目的丰富性:根据我校的条件和学生的需求,我们在一学年中开展7项比赛,涉及面广,同时也满足了大部分孩子的需求,激发了学生对体育的兴趣。

2. 比赛项目的严谨性:为了更好地组织比赛,达到比赛的良好效果,体育组联合年级组精心策划比赛的每个环节,力争做到精细化。

3. 比赛项目的创造性:为了激发学生的创造性,吸引学生的眼球,我们要把每个项目办出特色,办出亮点,让学生真正享受体育比赛带来的快乐,培养体育核心素养。

五、创建"活力社团",推动体育运动梯队建设

除了研究教育教学外,根据自己的专业取向、学校的发展需要以及学生发展的需求,我们成立了武术、足球、篮球、啦啦操、棒球等诸多社团。

(一)武术社团

复旦万科武术队于2007年成立,肩负着在第一届武术比赛为校争光的历史使命并努力前进。我们始终坚持继承与发扬中华民族传统文化,弘扬尚武精神,强健体魄,磨炼意志,培养刻苦、勤奋、坚持不懈的学习态度,秉持培养文武双全、敢做能为的有用之才的宗旨,秉承"爱心、责任心、耐心"三心的教育思想,领导高度重视、悉心关怀,学生刻苦勤奋、坚持不懈,正是这样奋发向上的精神使武术队得以迅速成长。

(二)足球社团

运动让我永不止步,就是非一般的感觉!足球更是一项充满激情的大众化的体育运动,现在已成为世界第一大体育运动,其独特的魅力和广泛的影响力更是让许多人为之倾倒。2017年,复旦万科小学男子U8足球队成立,连续三年形成了U8 - U9 - U10梯队建设,多次参加闵行区、以及各级别足球联盟比赛,取得较好的成绩,坚实走好每一步,争创佳绩。

(三)篮球社团

复旦万科篮球队于2008年成立,由一群热爱篮球,追求梦想,渴望成功的学生组成。汗水带给他们技能,努力教会他们合作。多次参加市级、区级的篮球赛皆载誉而归,为学校争得了荣誉,为篮球发展作出了贡献,并且有多名同学考进市重点高中。在他们漫长的人生旅途中,篮球将成为无尽的动力,引导他们走得更好、更稳!

(四)啦啦操社团

复旦万科啦啦操队成立于2004年,历经10多年发展为特色校级团队,累计吸纳学生300多人,目前有成员46人。成立至今代表学校参加闵行区及上海市多项比赛,多次获闵行区"莘中杯"中小学、职校健身操比赛,技巧一级啦啦操比赛一等奖,多次为学校艺术节、体育节和校庆奉献精彩演出。团结,自信和充满朝气正是我们队员的精神面貌,相信团队的发展会在将来更加精彩。

(五)棒球社团

复旦万科棒球队让孩子们感受阳光的暖意、绿草的芬芳后,再来一节充满快乐、团结和青春律动的棒球课。戴上专业的棒球手套,挥动永不放弃的球棒,一传一挥间增进了友谊,也将棒球深深根植在了每个孩子的心中,奔向远方,奔向梦想。

学生的个性发展符合新时代教育教学的规律,"活力体育"在其中担负起重要角色,我们坚持以人为本,在摆正学生的主体地位上着力;坚持兴趣为先,在激发学生个性发展的活力上着力;坚持创新为魂,在挖掘学生个性发展的潜能上着力,以使学生的个性得到充分的发展。

(撰稿者:盛锋辉)

第十二章

乐享艺术：成长快乐"美"一天

"乐享艺术"旨在把学校缤纷多姿的各类艺术课程、艺术课堂、艺术资源、艺术团队、艺术节日等都变成乐享艺术学习的天地，使学生能够在艺术的海洋体验艺术带来的无尽愉悦与乐趣。通过各类艺术特色课程的学习及各类艺术活动的开展，建设课程为主、活动为辅的完备且有效的艺术特色课程体系，最终达到"乐享艺术"的课程特色。

复旦万科实验学校的艺术教师团队是一支中青搭配、踏实稳健、富有活力的队伍，现有专职艺术教师8人。其中，本科学历7人，硕士学历1人，2人具备海外留学经历，具有中级职称的教师3人，1人获得学校品牌教师认证，2人获得学校双语教师认证，2人获得学校特色教师认证。艺术学科目前正处在稳步发展和突破创新之中。依据《义务教育音乐课程标准（2011年版）》及《义务教育美术课程标准（2011年版）》的总体要求，为切实培养学生艺术素养，提升教师教学能力，提高艺术学科整体水平，实现学校全面发展的战略规划，学校提出了"乐享艺术"特色学科建设理念并取得了显著成效。近年来，艺术学科在学科教学、团队建设、校园文化及科研探索等工作中均取得了一定的成绩。其中，音乐学科已基本形成了贯穿中小学的系统化的双语课程及特色课程体系，美术学科的特色课程建设也在积极推进中。各类校级艺术团队蓬勃发展，不仅为热爱艺术的学生提供了良好的艺术土壤，也培育出了很多艺术方面的专才，部分艺术社团已走出国门，荣登世界顶级艺术舞台。校园文化建设也愈发成熟和完善，一年一度的校园艺术节也早已成为学校的一道靓丽风景，并具备一定的经验辐射影响。

第一节 立足校园文化，发展学科特色

教学质量和特色创建是一所学校的生命线和增长点，学校对于艺术学科建设非常重视，并对艺术学科的发展作了科学合理的规划，将基础成长与特色创建并重立为艺术学科建设行动指南，在如此良好的学校文化氛围中，艺术学科得到了长足有效的成长与发展。

一、艺术学科建设与学校发展休戚与共

学校有专门分管艺术工作的中层领导，对艺术学科各项工作的资金投入，每年都

预留出充足的预算。例如学校现有的管乐团,总人数近 200 人,按学习进度和演奏能力分为 A、B、C 三个团,每年用于乐团外聘教师、管理团队的经费,以及乐团大件乐器的添置、维护费用,再如乐团出国演出、国内专场音乐会等的经费投入,都是十分巨大的。而学校除管乐团外,还有合唱队、舞蹈队、京剧"瑜音社"等等一系列艺术社团,但学校历来都是优先保障各社团活动开展的经费。此外,学校特色课程中,iPad 音乐特色课程、电子琴特色课程、打击乐特色课程等的硬件投入,学校也是每年做好预算,确保设备更新换代,保证教学顺利开展。

二、教研结合助推学科特色创建

作为民办学校,学科特色的建设是我们课程的亮点。艺术学科每年开展校级重点科研项目立项研究,同时艺术学科曾先后参与了闵行区美育特色联盟——"艺课程"联盟校(2018)及闵行区美育特色联盟——管乐特色联盟校(2019 年)的各项活动,作为联盟校的成员取得了一系列认可和荣誉。此外,我们还参与了闵行区"舞向未来"课程的开展,我们的电子琴特色课程在 2018 年上海市民办教育协会主办的校本特色课程评选中获奖。2020 年,我们还积极参与了上海市民办教育协会九年一贯制音乐学科基地的申报工作。

三、艺术资源多元丰富,形式多样

近年来,各级相关艺术专家及团队均与我校建立了良好的互动交流关系,多次为我校学生开展了艺术专业指导。例如,近年来匈牙利合唱指挥大师、世界著名柯达伊教学法专家阿帕德·托特博士开设的合唱大师班课程,奥地利现代音乐学会主席、维也纳国立音乐与艺术大学的威尔克·哈克尔教授开设的管乐大师班课程,以及上海音乐学院指挥系教授、上海歌剧院国家一级指挥林友声教授开设的管乐大师班课程,还有著名京剧表演艺术家,上海京剧院国家一级演员王佩瑜先生开设的京剧大师班等一系列国际、国内著名专家学者及专家团队的技术支持和艺术指导,都对我们学校艺术学科学术层次的提升,起到了至关重要的推动作用。

四、艺术经验成果反哺艺术学科建设

学校今年来在艺术工作方面已有的建设成果对于下一阶段艺术工作的开展具有非常重要的实践意义。例如,我校管乐团,自2013年成立以来,经过短短几年时间的发展,成绩斐然。我们曾先后荣获闵行区学生艺术节综合乐队比赛二等奖(2016年)、一等奖(2018年),并两次参加上海国际马拉松赛音乐站助威演出(2017年、2018年),在上海音乐学院贺绿汀音乐厅举办过师生专场音乐会(2017年),并于2019年初受邀带队赴奥地利维也纳参加了2019第九届欧洲中国艺术节,在维也纳童声合唱团Muth音乐厅与维也纳金色大厅进行精彩演出,获得了"杰出团队奖"。这些艺术工作的成果,都为我们艺术特色学科的建设积累了丰富且宝贵的经验,有助于我们工作的进一步开展。

第二节 打造艺术课程,促进快乐成长

《义务教育音乐课程标准(2011年版)》及《义务教育美术课程标准(2011年版)》都提出了面向全体学生、注重个性发展的理念,同时也非常重视以学生的兴趣爱好为动力,鼓励学生创造,并关注学科综合。因此,我校艺术学科的建设也正是基于此种理念,力求充分发挥美育特色的学科优势,针对性地开展了"乐享"艺术的学科建设目标,并最终形成了深受学生喜爱的艺术特色课程、艺术特色课堂、艺术特色资源、艺术特色团队以及艺术特色节日,使学生充分乐享艺术,成长快乐"美"一天。

一、学科性质观和价值观

《义务教育音乐课程标准(2011年版)》在描述课程基本理念时曾指出,兴趣是音乐学习的根本动力和终身喜爱音乐的必要前提。在教学中,要根据学生身心发展规律,以丰富多彩的教学内容和生动活泼的教学形式,激发学生对音乐的兴趣,不断提高音乐素养,丰富精神生活。①

《义务教育美术课程标准(2011年版)》中也指出,兴趣是学习美术的基本动力之一。美术课程强调通过发挥美术教学特有的魅力,使课程内容与不同年龄阶段的学生的情意和认知特征相适应,以灵活多样的教学方法激发学生的学习兴趣,并使这种兴趣转化为持久的情感态度。②

因此,通过对课程标准的解读,我们认为,艺术教育的学科性质主要就是通过激发学生的兴趣并引导学生去感受美、发现美、创造美的过程,这一过程应当是美好的、享受的。正因为如此,我们才提出了"乐享"艺术的学科建设理念。

二、学科核心理念

我校艺术特色学科建设的核心理念——"乐享艺术:成长快乐'美'一天"旨在把学校缤纷多姿的各类艺术课程、艺术课堂、艺术资源、艺术团队、艺术节日等都变成乐享艺术学习的天地,使学生们能够在艺术的海洋中乐享艺术带给我们的无尽愉悦与乐趣。通过各类艺术特色课程的学习及各类艺术活动的开展,帮助学生树立健康的审美观,激发学生感受美、鉴赏美、表现美和创造美的热情。通过学科建设实践,培养和提高学生美的理想、美的情操、美的品格和美的素养。实现以课程为主体,以活动为辅助的完备且有效的艺术特色课程体系,最终达到"乐享艺术"的教育理念。我们的学科核

---

① 中华人民共和国教育部.义务教育音乐课程标准(2011年版)[M].北京:北京师范大学出版社,2012:3.
② 中华人民共和国教育部.义务教育美术课程标准(2011年版)[M].北京:北京师范大学出版社,2012:3.

心理念主要体现在：

(一)"乐享艺术"的课程开发

应当与时俱进、因地制宜,创造更多适合我校特色的艺术课程,并使之形成科学完备的课程体系。在学校 V-I-P 课程理念的指引下,逐步将"P"类(基础类)课程做得更加有实效,将"V"类(多元化)课程做得更加丰富多彩,将"I"类(个性化)课程做得更加细致入微。

(二)"乐享艺术"的课堂教学

应当更多的引进国内外先进的教学理念以及教学技术,有效地提高课堂教学各个环节的质量,有效激发学生自主学习的学习热情,切实提高学生的学科素养及学习能力,使我们的艺术课堂既专业严谨,又充满乐趣。

(三)"乐享艺术"的资源开发

不仅仅是课程教学的资源,也包括艺术社团建设资源、校园文化建设资源等多个方面,充分利用我校互联网平台(如微信平台、钉钉平台等)已有硬件、软件资源优势,以及我校家长资源、校友资源等人力资源优势,搭建更具水准的复旦万科艺术资源平台,将校园文化进行系统升级。

(四)"乐享艺术"的团队建设

将从重点打造单一团队逐步过渡为多元化的团队齐头并进的格局。团队在区域交流中(例如德英乐教育集团、闵行区美育特色联盟等)逐步形成辐射力和影响力,各社团之间也逐步形成良性竞争机制。

(五)"乐享艺术"的文化活动

尤其是作为校园文化建设品牌形象之一的校艺术节,将继续发挥其普及全面、时效性强、活力创新等优点,把校园文化的品牌工作做得更加有声有色,通过艺术学科"春风化雨""润物无声"的特点,潜移默化地培养学生艺术鉴赏、艺术表演和艺术创造能力,也为学校的全面建设贡献一份力量。

第三节 关注个性发展,凸显艺术优势

《义务教育美术课程标准(2011年版)》提出实施义务教育阶段的美术教育,必须坚信每个学生都具有学习美术的潜能,能在他们不同的潜质上获得不同程度的发展。[1]《义务教育音乐课程标准(2011年版)》也提出,义务教育阶段的音乐课,应当面向全体学生,使每一个学生的音乐潜能得到开发并从中受益。音乐课的全部教学活动应以学生为主体,师生互动,将学生对音乐的感受和音乐活动的参与放在重要的位置。[2] 我校艺术特色学科的建设,即是立足于开发与优化全体学生共同参与的基础类课程(P课程),并努力开发适合不同学生的多元化课程(V课程)与适合每一个学生的个性化课程(I课程)。在学科建设的过程中,我们始终坚持以下目标:

一、学科课程建设目标

(一)注重培养学生技能,避免单纯知识灌输

逐步形成符合学生身心发展规律的音乐、美术特色课程体系。使学生能够在享受艺术之美的同时,亦能获得有助于艺术能力提升的相关技能技巧,寓教于乐的同时,提升学生整体的艺术素养。

---

[1] 中华人民共和国教育部. 义务教育美术课程标准(2011年版)[M]. 北京:北京师范大学出版社,2012:2.
[2] 中华人民共和国教育部. 义务教育音乐课程标准(2011年版)[M]. 北京:北京师范大学出版社,2012:5.

(二) 探索中西合璧式的艺术课堂

将国外艺术教育中的一些成熟、优秀的教育模式引入课堂,使学生更加轻松地掌握艺术学科的各项知识、技能,同时拥有更加开阔的视野,充分汲取中西艺术教育中的精髓。

(三) 构建更加科学、合理的艺术课程评价体系

对参与课程学习的全体学生学习过程及结果做出更加公正、准确的评估,亦使学生对自己在艺术特色课程学习中出现的问题有正确的认识,有效提升课堂教学,并激发学生学习潜力。

二、学科教学改革目标

(一) 注重学科教学的特点,充分发挥本学科的特色及优势

在确保课堂教学顺利开展的同时,也要将工作重心逐步从传统课堂教学向课外教学进行延伸,多个领域齐头并进,全面开展艺术教学工作。

(二) 加强艺术社团建设工作,同时要抓住重点,优先打造优质精品艺术社团

让成熟的艺术社团有更多的机会走出去,在分享和交流中不断学习、不断提升,并将成功的模式推广到其他各个艺术社团,达到全面进步的目的。

(三) 开展多种艺术活动

办好校园文化艺术节这项全校性的大型艺术盛事的同时,每年都积极开展符合当年主题的丰富多彩的艺术交流活动,为学生搭建更有意义的展现艺术能力的平台,打造更多具有复旦万科特色的品牌化的艺术活动。

(四) 利用校园网络课程平台

在艺术特色学科教育教学互动中发挥积极作用,开展相关的资源共享、传输。

三、学科团队建设目标

加强本学科教师队伍的建设工作,逐渐形成并完善以教研组长、品牌教师为核心的引领示范工作。加强教师间的相互学习,形成组内交流的良好氛围。

参加市、区级各类教育教学培训,积极参与市、区各级教育教学平台的活动,积极参加德英乐教育集团组织的研训,鼓励青年教师多参与教学评比,加速青年教师的成长。

利用社会艺术教育资源,弥补本校专职教师在艺术社团专业性方面的不足,使学校艺术社团及艺术文化建设的层次得以进一步提升。近年来不断聘请更多知名专家学者与我校建立长期的合作关系,引领我校艺术学科建设不断进步,取得更多佳绩。

四、学科学习质量目标

以课堂教学作为学科教学的主阵地,在全面完成学科课程标准要求完成的教学内容的同时,也要使学生能够达到我校艺术双语及艺术特色课程需要达到的教学目标,使学生在艺术学习方面获得更多的知识和技能。

利用艺术社团作为课堂教学的辅助和延伸,使学生在完成课堂教学的同时,亦能选择自己喜爱的艺术拓展课程开发艺术特长,并且通过一系列的欣赏、表演、创作实践,将艺术能力和艺术品位提升到一个更高的层次。

利用市、区、校艺术节及集团庆典、校庆活动等校园文化平台,在更大的范围内为学生提供艺术学习、交流展示的机会,全面提升学生艺术基本素养,使艺术成为学生终身相伴的伙伴,陶冶和启迪学生的审美心智,让学生在艺术的海洋中健康快乐地成长。

第四节 落实学科建设，完善课程体系

《义务教育音乐课程标准(2011年版)》及《义务教育美术课程标准(2011年版)》中均提出了重视教学过程和教学方法的改革，是课程改革的一个重要特点。我校"乐享艺术"特色学科团队近年来也在学科建设举措方面进行了诸多探索与实践，有针对性地开展了"乐享课程"方面的项目系列研究，以及在"乐享课堂""乐享资源""乐享团队""乐享节日"方面均取得了一些成绩，多途径地推进了学科建设和发展。

一、开发"乐享课程"，形成有特色的学科课程体系

"乐享艺术"系列课程是在传统的音乐、美术学科课程基础上，结合本校实际开发的具有本校艺术特色的课程体系，是我校艺术特色课程的重要载体，经过近年来一系列的理论与实践研究，目前在音乐学科方面已基本形成了具有相互关联的体系，其中的电子琴特色课程作为校本特色课程开发的成果曾在上海市民办教育学会主办的课程开发评比中获奖，我们也曾在2016—2018年期间参与了闵行区艺术特色联盟校"艺"课程联盟，课程的开发受到了各联盟校的一致认可。

"乐享艺术"课程的音乐学科按照年段开展了四大主题课程，分别是：一、二年级的打击乐特色课程，三、四年级的陶笛特色课程，五、六年级的电子琴特色课程，七、八年级的iPad音乐特色课程。四大主题课程分别侧重于音乐学习中的节奏、音高(单旋律)、和声与音色(多声部)、音乐创作(计算机编曲)，符合音乐学习与学生身心发展的规律性，各特色课程相互衔接，合理有序。

美术学科在小学阶段开展了儿童版画特色课程，在中学阶段开展黑白线描画特色课程，课程内容均是美术学习方面的重要技能，对于学生艺术能力的培养具有重要

意义。

"乐享艺术"课程均为艺术拓展性学习课程,在学习内容方面具有一定的挑战性。各特色课程对于学生的学习评价均有科学的评判标准和考核要求。正常参与课程学习的学生,除学习中的过程性评价以外,在课程结束后,还会通过科学的考核评判获得阶段性评价,评价结果以等第制进行表示,此外还有对学生学习过程和结果的综合性评语,以使学生及家长充分了解学生在本课程中的学习表现。

二、建构"乐享课堂",推进学科教学深度改革

"乐享艺术"课堂并不是单纯的知识搬运,也不是单纯的技术训练,而是旨在通过课程的学习,让学生感受艺术之美,快乐地享受艺术带给我们的愉悦。

"乐享艺术"课程在实践过程中,除了严格按照教育部及市教委相关学科目标和要求完成教学任务以外,在课堂教学方面,将更多地体现以学生作为学习主体,在教师的引领之下通过实践操作来习得学科知识与技能的方式进行。例如一、二年级的打击乐特色课程,三、四年级的陶笛特色课程,五、六年级的电子琴特色课程,七、八年级的iPad音乐特色课程,小学美术的儿童版画特色课程,中学美术的黑白线描画特色课程,都是既能激发学生学习兴趣,又能为其在艺术学习的过程中打下一定技能基础的拓展性课程。在全部"乐享艺术"的课堂中,学生的实践均占有较大比重,这样就提高了学生的参与度,同时也极大程度地避免了知识搬运带来的被动学习的副作用。

学生对于"乐享艺术"课堂是否喜爱,是否有更多的建议和需求,都会通过每学期末学生和家长对艺术学科的满意率调查问卷体现。此外,在我们每学期的艺术特色课程的家长开放日中,我们"乐享艺术"课堂的教学过程和成果,也向家长全面展示。

三、整合"乐享资源",开拓课外及线上学习的新领域

2020年上半年,受新冠肺炎疫情的影响,全国中小学都积极开展了线上教学的工

作，并取得了积极成果。在此期间，我校的线上教育也取得了诸多成绩，例如疫情期间我们艺术学科两个微信公众号——"音"爱同行、妙笔生"绘"的开通，就填补了我校艺术学科线上工作的空白。可以说，疫情期间原本不得已而为之的一些工作，反倒为我们拓展了思路，为"乐享艺术"教育资源的发布，奠定了必要的基础。

"乐享资源"旨在通过我们的微信公众平台，定期开展音乐、美术学科艺术资源的分享学习活动，弥补学校教学因课时原因而只能"点到为止"的缺陷，使学生能够在课外，通过线上的交流分享以及互动，进一步提升艺术学习的兴趣与参与度，获得更丰富的知识。

出于对知识产权保护的原因，我们在微信公众平台上分享的音乐、美术作品，无论是视频、图片还是文字，均会注明作者与出处，有一些钢琴作品，则是由我们的艺术老师亲自演奏并录制，这样也能进一步拉近老师与学生之间的距离。正所谓"亲其师，信其道"，学生通过自媒体与老师之间互动交流，打破传统的课堂教学模式，更能激发学生的学习热情。

除此以外，我们的"乐享资源"也不仅仅局限于硬件资源。我校创办25年以来，积累了众多的家长资源和校友资源。其中不乏优秀的艺术家以及艺术工作者，这些都是我们独有的特色资源，对于"乐享艺术"学科建设具有重要的意义。其实，艺术特色学科建设是否更加富有特色和成效，很大程度上取决于我们是如何利用我们的硬件及软件资源的。

四、建设"乐享社团"，提升校级艺术团队的品质

如果说"乐享艺术"是我们艺术特色学科的理念，那"乐享艺术"社团，则是我们对外展示艺术成果的名片。

我校艺术学科现有校级艺术团队六支，分别是校管乐团、校合唱队、校舞蹈队、校锣鼓队、校鼓号队以及京剧"瑜音社"。各校级艺术团队近年来蓬勃发展，在市、区级的各类艺术社团评比中均屡获佳绩。作为学校校园文化建设的成果，各校级艺术团队在

对外交流展示方面也取得了诸多令人瞩目的成绩。以学校管乐团为例,成立7年以来,团队曾举办过两次专场音乐会,亦曾两度受邀参加上海国际马拉松比赛音乐站的助威表演。2019年,学校管乐团更是走出国门,在维也纳金色大厅为欧洲观众带去精彩演奏,圆满完成了第九届欧中中国艺术节的文化交流,获得"杰出团队奖"。学校的艺术团队建设,也有幸得到国内外多位相关领域专家学者的亲临指导。例如管乐方面的哈克尔教授(奥地利)、林友声教授,合唱方面的托特博士(匈牙利),京剧方面的王佩瑜大师等,都使我们的音乐艺术团队的专业能力迅速提升,艺术社团活动得到了学生、家长的广泛欢迎与认可。

当然,我们应当继续努力,借助更多的资源和平台,通过开展更为广泛的交流活动,学习、分享和传递学校艺术社团取得成绩的心得。艺术社团工作所取得的成果,就是我们艺术社团工作开展成绩考核。

五、打造"乐享节日",营造艺术美育氛围

我校的艺术节,每一年的形式和主题均不相同,比起较为传统的歌唱、舞蹈、器乐比赛的单一艺术节形式,我们更加重视对学生艺术兴趣的培养、艺术能力的普及以及艺术审美素养的提高。例如,2017年我们艺术节的主题"乐享缤纷'艺'课程"、2018年的主题"成长快乐'美'一天"、2019年的主题"绘声绘色·Show your talents"以及今年的主题"'艺'起回家·Come back with art",都是紧密契合当年的实际,注重全体学生的参与,通过多种多样的艺术参与形式,让学生了解艺术的常识,感受艺术的美好,享受艺术带给我们的快乐。

在推陈出新、与时俱进方面,在培养学生兴趣,鼓励学生积极参与方面,我们每年也都为不精通乐器、声乐、舞蹈等才艺的学生,开设了大量名家的艺术讲座。仅2019年艺术节期间,我们就邀请了多位知名艺术家及相关领域的专业人士为全校师生带来了各种音乐表演及专题讲座。如上海昆剧团40位艺术家表演的《昆剧艺术》、著名二胡表演艺术家闫永贞老师的民乐讲座《二胡艺术》,著名京剧表演艺术家王佩瑜大师及

其团队表演的《瑜音沐童心》专场等。如此种类丰富又质量上乘的音乐活动,不仅丰富和提升了我校校园文化的氛围和档次,更将艺术的种子播撒在每一个学生的心中。我们努力将校园艺术节作为学科特色建设的一个重要子项目,全力打造"乐享艺术"节日,使之成为我们复旦万科人的精神食粮。学生、家长、社会对我们"乐享艺术"节日的一致认可,就是对我校艺术特色学科建设工作的充分肯定。

艺术教育是生命早期发展的主要动力,是全面提升个体素质与能力的重要路径。在人的发展、社会进步的进程中艺术教育具有不可替代的重要作用,每个儿童都拥有一颗艺术的心。"乐享艺术"着力营造乐享氛围、探索乐享途径、丰富乐享成果,培养孩子们的想象力和创造力,美化和丰富孩子们的心灵世界。

(撰稿者:田鑫)

第十三章

宽课堂：为每一个孩子成长保驾护航

初中道德与法治是一门以初中学生生活为基础、旨在促进学生道德品质、健康心理、法律意识和公民意识进一步发展的综合性课程。我校致力于构建道德与法治学科"宽课堂"，用宽容的教育理念，创设宽松的课堂氛围，塑造宽厚的文化底蕴，联系宽广的现实生活，引导学生学会过积极健康的生活，做负责任的公民。

我校初中道德与法治学科组共有 4 名教师,以中青年教师为主,思想政治素养较高,教学改革创新力与执行力强。作为一门显性德育课程,初中道德与法治学科除了教授学生学科基础知识外,还对学生成长发挥重要的引导作用。依据《义务教育思想品德课程标准(2011 年版)》,为了切实促进学生道德品质、健康心理、法律意识和公民意识的进一步发展,树立正确的世界观、人生观、价值观,提升教师思想政治素养和教学专业水平,实现学校立德树人、推进特色学科建设的发展要求,我校初中道德与法治学科提出构建道德与法治"宽课堂",为学生成长保驾护航,取得了显著成效。

第一节 锐意进取的道法教师团队

2019 年,中共中央国务院印发《关于深化新时代学校思想政治理论课改革创新的若干意见》强调,思政课是落实立德树人根本任务的关键课程,要引导学生立德成人、立志成才,厚植爱国主义情怀。这将中小学思政课建设提升到一个全新的高度。加之上海市新中考政策已经全面实施,初中道德与法治学科改革可谓机遇与挑战并存。我校学科组教师积极进取,教学特色鲜明,区、校各级教研平台畅通,校内外资源丰富,为特色学科建设打下扎实的基础。

一、学科发展处在新的时代与政策背景下,其重要性显著提升

当前,中国特色社会主义进入新时代,这对中小学教育教学改革提出了新的要求。教育是国之大计、党之大计,承担着立德树人的根本任务。思政课是落实立德树人根本任务的关键课程,发挥着不可替代的作用。随着中共中央国务院《关于深化新时代学校思想政治理论课改革创新的若干意见》颁布、部编版《道德与法治》教材在上海市中小学全面投入使用以及上海市新中考政策公布实施,初中道德与法治学科正式成为

中考计分科目,这对于学科教学改革也提出了新的更高要求。初中道德与法治学科发展处于新的时代和背景下,其重要性不言而喻。在学科改革备受关注的同时,学科建设也迎来了更广阔的发展机遇。

二、学科组教师积极进取、敢于创新课堂实践

我校初中道德与法治学科共有教师4名,以中青年教师为主。长期以来,学科团队本着"教-学-研"一体化同步建设,以研促教,教学相长,学科教学成效显著。尤其在部编版《道德与法治》教材全面投入使用以来,学科团队积极参加市、区级各类新教材培训及学科教研活动,并在课堂实践中积极创新探索,多次参加市区级课堂教学评优活动,并在论文评比活动中屡获奖项,教师专业水平不断提升。

三、学科教研平台畅通,实现校内外资源共建共享

在新的时代背景下,市、区教研室和学校领导高度重视当前道德与法治课程与教学改革实践,为学科建设提供了智力支持和行政保障。学校积极拓展学科教研空间,多次邀请区学科教研员来校听课指导,同时在集团学校和区域学校之间搭建学科教研交流的平台,实现学科建设资源共享。此外,积极鼓励教师团队参加市区级各类思政课教师专业培训,为学科建设提供了充分的学习资源。

第二节 以人为本凸显宽课堂内涵

《义务教育思想品德课程标准(2011年版)》明确提出,"本课程是一门以初中学生

生活为基础,以引导和促进初中学生思想品德发展为根本目的的综合性课程。"[1]基于课程特点,我校针对性地开展了初中道德与法治"宽课堂"特色学科建设,为初中生营造了"宽容、宽松、宽厚、宽广"的成长空间,真正做到用道德与法治学科为学生成长保驾护航,实现了"引导学生过健康有意义的生活、做负责任的公民"的学科愿景。

一、学科性质观和价值观

从道德与法治学科性质的角度分析,该门课程主要包括思想性、人文性、实践性和综合性,旨在促进初中学生道德品质、健康心理、法律意识和公民意识的进一步发展,形成乐观向上的生活态度,逐步树立正确的世界观、人生观、价值观。这决定了初中道德与法治课程必须关注学生身心成长,以初中学生逐步扩展的生活为基础,促进学生独立思考与积极实践,学会过积极健康的生活,做负责任的公民。基于以上要求,我校初中道德与法治学科提出建设"宽"课堂,培养学生核心素养及综合能力。

二、学科核心理念

我校初中道德与法治"宽课堂"学科建设核心理念,就是通过特色学科建设,构建道德与法治"宽课堂",为学生成长保驾护航。"宽课堂"主要有四个内涵:在课堂中挖掘每一个孩子的独特性,对孩子给予最大的宽容;创设宽松的文化氛围,让学生自由成长,各抒己见;塑造宽厚的文化底蕴,注重学科内容背后蕴含的核心价值观;课堂教学注重结合学生实践,宽广地联系现实生活,促进学生获得真实的体验和成长。

---

[1] 中华人民共和国教育部. 义务教育思想品德课程标准(2011年版)[M]. 北京:北京师范大学出版社, 2012:1.

（一）"宽课堂"，是用宽容、平等的眼光看待每个学生

这是教师从事教育教学工作最基本的要求，但对于道德与法治教师而言要求更高。作为一门显性德育课程，教师更要平等对待每一位学生，用宽容的眼光看待学生成长道路上的阶段性发展，尊重每一个学生的个性思维，给予他们理解和关怀。在课堂中要看到每一个孩子的独特性，对每个孩子要给予最大的包容。

（二）"宽课堂"，是创设宽松的文化氛围，构建和谐的师生关系

在教育教学工作中，师生关系的和谐程度直接影响着教学成效，教师必须在师生之间努力构建起和谐的师生关系，为学生创设宽松的文化氛围和良好的学习环境。初中学生正处在青少年成长的关键时期，很多观点和认识正在不断形成过程中，需要教师耐心地倾听和引导。宽松的交流氛围，要求教师以民主姿态对待学生，尤其关注学生提出的有价值的想法，并在教育教学实际工作中加以落实。

（三）"宽课堂"，是培养宽厚的文化底蕴，注重核心价值观的培育

初中道德与法治课程本质上，是落实思想教育、法治教育和政治教育的综合课程。这意味着，课堂教学目标不仅需要完成学生对知识的认识，解决"知"与"不知"的矛盾，还需要他们在情感上达到认同，解决"信"与"不信"的矛盾，以及在实践中落实巩固，解决"知"与"行"的矛盾。因此，在教学过程中应使学生的"知、情、意、行"得到和谐统一的培养和发展。在此基础上，厚植家国情怀，落实爱国主义教育，促进核心价值观的培育。

（四）"宽课堂"，是联系宽广的现实生活，提高学生实践能力

道德与法治课程以初中学生逐步扩展的生活为基础，课堂教学不能飘在空中，要宽泛地联系现实生活，注重学生的主动体验和个性成长。学生们通过关注生活和走进生活，在现实的价值冲突中学会观察与思考、判断与选择，提高自己参与社会实践的能力；在教师适时的引导下，学生从内心领悟到生活的意义，学会提升生命质量，拓展生

命价值。

总之,构建初中道德与法治学科"宽课堂",就是要凸显"以人为本"的教育理念,促进学生道德品质、健康心理、法律意识和公民意识的发展,帮助学生树立正确的世界观、人生观和价值观,引导学生过健康有意义的生活,做负责任的公民。

第三节 立足"四有"探索学科目标

《义务教育思想品德课程标准(2011年版)》中提出,"思想品德课程以社会主义核心价值体系为导向,旨在促进初中学生正确思想观念和良好道德品质的形成与发展,为使学生成为有理想、有道德、有文化、有纪律的社会主义合格公民奠定基础"。[1] 结合学校现状及本学科建设愿景,初中道德与法治学科团队围绕课程标准的有关要求,从课程建设、教学改革、团队成长、学业质量等方面,提出了一系列建设目标,开展了诸多有益探索。

一、学科课程建设目标

初中道德与法治课程以社会主义核心价值体系为导向,旨在促进初中学生正确思想观念和良好道德品质的形成与发展。这既需要学科团队加强理论学习,主动思考、重塑观念,又要求教师们注重道德与法治课的教学创新,强调学生综合能力的培养。因此,在课程建设方面,教师不仅要完成《道德与法治》教材上知识要点的传授,更要重视有机地整合道德、心理健康、法治教育和国情教育等多方面的内容,以学科核心课程为基础、以多样化的拓展课程和实践课程为补充,将课程建设与初中学生的家庭生活、

---

[1] 中华人民共和国教育部. 义务教育思想品德课程标准(2011年版)[M]. 北京:北京师范大学出版社,2012:5.

学校生活和社会生活紧密联系,将情感态度价值观的培养、知识的学习、能力的提高与思维方式的掌握融为一体,善于整合各种课程资源,提高教学针对性,真正让道法课程为学生的健康成长保驾护航。

二、学科教学改革目标

初中学生正处在身心急剧发展的时期,他们渴望认识社会、认识世界、参与社会生活,但同时也缺少必要的经验和能力。在初中道德与法治教学工作中,教师如果仅仅依靠教材中所包含的素材与信息,是不能完全满足学生的学习欲望与教学实际要求的。因此,我们要求每位教师,都应该是教育教学工作的有心人,能够充分整合各种教育教学资源,为道德与法治课堂补充大量生动而鲜活的信息,拓展学生的视野、激发学生的思维,提高学生思考与交流的主动性和积极性,培养学生解决生活实际问题的能力和信心,在应对现实生活情境的考验中做出正确合理的价值判断。

三、学科团队建设目标

讲好中小学思政课,引导中小学生扣好人生第一粒扣子,是每位中小学思政课教师的神圣职责和光荣使命。打造学科特色,构建道法宽课堂,学科教师团队的建设与成长尤为重要。我们通过积极推进"宽课程与教学",加强学科团队的理论学习,强化教学科研,聚焦课堂创新,培养骨干力量,争取在区域内形成一定的影响力。学科团队氛围融洽、有较高的创新力和执行力;团队成员在教学上具有独特风格,成为能独当一面的专业型教师;教师个人科研能力有明显的进步,争做"有教有研"的优秀教师,建设成为学习型、成长型团队。

四、学科学习质量目标

道德与法治学科是以初中学生生活为基础、以引导和促进初中学生道德与法治发展为根本目的的综合性课程。教师在组织学习活动时,一方面,通过落实学科课程改革,优化学科教学,提高学科学业质量,力争使道德与法治学科成绩总体在全区保持第一梯队;另一方面,促进全体学生终身学习必备的学科能力在初中阶段初步形成,引导学生培养良好的学习习惯,落实学生学科核心素养的培育,帮助学生做负责任的公民,过积极健康的生活。

第四节 "五位一体"推动特色学科建设

《义务教育思想品德课程标准(2011年版)》中提出,"本课程教学应坚持课程改革的理念和要求,提高思想品德教学的实效性;应以本标准为依据,遵循初中学生身心发展和思想品德形成与发展的规律"。[①] 我校初中道德与法治学科团队从建构"宽课堂"、开发"宽课程"、推行"宽学习"、培养"宽团队"、积累"宽资源"等途径开展了诸多有益探索,构建起学校初中道德与法治学科"宽"特色,实现了学科建设质的提升。

一、建构"宽课堂",推进学科教学深度转型

建构道德与法治"宽课堂",就是要充分整合各种教育教学资源,为道德与法治课堂补充大量生动而鲜活的信息,拓展学生视野、激发学生思维,促进学生学科核心素养的培育。

(一)"宽课堂"的实践操作

1. 补充鲜活事例,丰富教学内容。在道德与法治教学中,最忌讳的就是空洞说

---

① 中华人民共和国教育部. 义务教育思想品德课程标准(2011年版)[M]. 北京:北京师范大学出版社,2012:17.

教。因此教师在开展教学活动时,会以大量生动鲜活的事例作为补充与佐证,从而激发学生的学习兴趣,增强教学内容的感染力。如在"孝敬父母"相关内容教学中,将当年评选的"最美孝心少年"典型事例作为教学内容,同时补充学生身边真实的事例,有助于教学成效的提高和情感态度的认同。

2. 创设生活情境,组织学生活动。在课堂设计过程中,我们倡导教师要充分结合初中生的认知阶段特点,设计和组织一系列学生活动,创设生活情境,引发深入思考,综合运用案例分析、视频分析、小组讨论、展示表演、小型辩论赛等教学方法,抓住道德与法治学科综合性与实践性的特点,培育学生学科核心素养,突显学科性质和育人价值,引导学生从多角度思考问题、分析问题、解决问题,在生动具体的情境中体验和感受,形成情感共鸣和价值认同。

3. 紧密联系现实,蕴含国情教育。道德与法治课堂的最大特点,是依托具体事件、紧密联系现实、蕴含国情教育。在课堂实践中,要把《道德与法治》课程目标和社会主义核心价值观的落实融入进来,通过对具体事件全面深入的分析讨论,帮助学生发掘时事新闻背后蕴含的道理。如在教学"创新引擎"一课时,结合"华为被美国封杀""中国自主研发北斗卫星导航系统"等新闻事件,引导学生关注社会时事、促进学生了解国家发展,进一步激发学生当下的使命感和责任感,体现道德与法治"宽课堂"促进国情教育的典型特征。

(二)"宽课堂"的评价标准

准确、及时、全面的评价,能够有效促进"宽课堂"的落实。设计道德与法治"宽课堂"评价标准时,我们是以课程目标和内容标准为依据,凸显本学科评价特点,多角度、多途径收集学生的学习反馈信息,客观评价学生的道德认知、道德判断、法治意识与社会实践能力。如此一来,通过评价得到的信息可以帮助教师总结与反思,改进教学,进而更好地实现课堂目标。

"宽课堂"的具体评价内容包括——课堂教学目标设计是否融合了三维教学目标、关照了学科核心素养的培育,教学目标的达成程度;教学过程组织、环节设计是否合理、恰当、创造性地运用了教材和多种资源；教师教学行为是否关注差异，实现有效的激发与反馈；学生课堂互动表现与参与程度等。

二、开发"宽课程"，形成有特色的学科课程体系

开发道德与法治"宽课程"，意味着不仅要做好教材知识的传授，更要重视有机地整合道德、心理健康、法治教育和国情教育等多方面的内容，以学科核心课程为基础、以多样化的拓展课程和实践课程为补充，形成有特色、有重点的学科课程体系。

（一）"宽课程"的建设路径

根据教育部、上海市教委关于"基础型课程、拓展型课程、探究型课程"的分类要求，结合本学科教学实践，我们设计了道德与法治学科系列课程的主要内容及发展目标。首先，在基础型课程方面，加强部编《道德与法治》课程改革与研究力度，以课堂改进为重点，加强推进体验式教学和整合式教学的创新实践。其次，在拓展型课程方面，开发开设校本课程，不断完善道德与法治选修课程《时政我来评》，丰富课程实施的形式。经过一段时间的探索，学科组先后开设了《模拟联合国》《模拟政协》《法治小课堂》等选修课程，拓宽了学生成长的平台和空间。第三，在探究型课程方面，积极开展主题探究活动、公民教育实践活动、时政辩论赛等，通过各种形式丰富学生道德与法治学习的课外资源，逐步帮助学生正确处理好"我与他人、我与集体、我与社会和国家的关系"，推动了学生综合素养的全面发展。

（二）"宽课程"的评价要求

"宽课程"结合学生逐步扩展的实际生活，能够有效激发学生思维、拓展学生视野，锻炼实践能力。在制定"宽课程"的评价要求时，我们着重突出形成性评价，实行多次评价、随时性评价、"档案袋"式评价等方式，突出过程性；在课程实施过程中，以定性评价为主，观察学生学习的动机、行为习惯、意志品质等；在评价主体上，采用教师评价、

学生自评与互评相结合,让评价能够最大限度地反映学生的个体差异和思维品质的发展。

三、推行"宽学习",全面提升学习质量

(一)"宽学习"的推进措施

推行道德与法治"宽学习",要求学生除掌握必要的学科基础知识外,更要实现综合能力的提升和情感态度价值观的认同。因此,我们要求教师在组织学习活动时,尤其重视进一步拓宽学生成长的渠道。如,在教学"改革开放促发展"这一课时,除教材知识的学习外,教师结合了上海浦东陆家嘴金融区20年的变迁、上海自贸区的建设发展等具体事件,帮助学生结合身边的实际变化,更好地体会和理解学科内容。又如,在学习"社区环境"这一课时,教师在课前预习中,引导学生关注自己所在社区存在的环境问题,开展实地观察、调研、采访,组织针对性的思考和讨论,培养学生发现问题和解决问题的能力。

(二)"宽学习"的评价内容

具体来说,"宽学习"评价内容包括学业水平考核、学习表现和学习能力、综合实践能力三项内容。在学业水平考核方面,侧重关注学生的进步变化,以考试、考查的方式进行评价。在学习表现方面,以作业按时完成和及时订正、课堂表现为评价依据;学习能力评价方面,以搜集提取有效信息、理性表达、主动探究、善于发现和分析问题为评价依据。学生社会实践能力以参与社会观察、参观访问等实践活动的真实性、过程性表现等为评价依据。

四、培养"宽团队",建设学习型教师团队

培养道德与法治"宽团队",就是要重视学科教师团队的建设与成长,打造优秀的

学科团队，从多渠道、多途径、多角度，提升学科教师的理论知识、政治素养和专业能力。当前，适逢新时代中小学思政课改革的重要时期，各级主管部门对思政课教师团队建设都提出了明确要求。切实提高我校初中道德与法治学科团队的专业素养，我们主要从以下几方面展开——第一，积极运用市、区级教育教学的线上线下资源，增强理论基础学习，提高政治素养和政治觉悟；第二，结合近两年部编教材《道德与法治》的全面投入使用，参与区级新教材培训和研讨，明确教学目标和教学重点；第三，积极参与市、区、校级组织的各类课堂教学研讨交流活动，提高课堂教学的组织能力和创新能力，做学习型教师。

在"宽团队"评价方面，我们要求每学期学科组内"听评课"活动3—5次；每学年开设至少一节片区级公开课；学科团队在区级以上教学研讨活动中表现积极、提供资源、贡献智慧，2—3年内有骨干教师加入区级学科教研中心组；组织学科团队积极参与各级各类学科教学评优和论文评比并获奖。

五、积累"宽资源"，打造学科资源数据库

积累道德与法治学科"宽资源"，主要指结合部编版《道德与法治》教材的全面投入使用和上海市新中考政策改革关于学业质量考核的要求，全面更新本学科的课堂教学、复习评价等资源，形成固化经验，打造学科资源库。

具体包括——第一，我们制定了详细的新授课、复习课、试卷讲评课的教学规范和教学要求，切实提高了课堂教学的效率。针对学科改革要求和新教材的编写主旨，搜集配套政策指导文件、典型时事案例作为补充学习资料；针对各年级重难点教学内容，搜集了诸多市区公开课、优质课相关资源，包括视频、教案、课件等，形成了学科资源包；第二，做好新教材使用后的各区模考试卷和中考真题试卷的搜集和整理，初步打造形成了初中各年级习题及真题资源库。第三，以信息技术为手段，结合本学科"电子书包"项目参与的有效经验，做好线上教学资源的整理和储备，加强教学过程中的反思交流。

构建道德与法治"宽课堂",既符合当前时代发展与政策要求,又体现了道德与法治的学科性质,同时也契合学校"一切为了学生和谐健康发展"的办学宗旨与"把每个学生当作最重要的人"的VIP课程发展愿景,是学科教师团队共同的价值追求。通过有效且认同的价值领导,能够充分发挥学科团队的积极性与主动性,坚持学科创新实践,落实"立德树人"根本要求,为学生成长保驾护航。

(撰稿者:吕晓蕊)

第十四章

阳光心理:让每一个孩子内心充满阳光

心理健康教育是培养人才的点睛之笔,是推进中小学生素质教育的重要一环。"阳光心理",旨在全面提高受教育者的心理素质,使其内心充满阳光,成长快乐无限。为此我们制定并实施了系统的学科建设方案,并在实践中不断进行总结、创新,让学生学会用积极、健康的心理感受这个世界,沟通这个世界,友好地对待这个世界,为学生心智的发展插上腾飞的翅膀,增进学生身体及心理上的健康。

心理健康教育课程是中小学课程体系的重要组成部分,也是素质教育的重要内容,在学生健康成长中发挥着不可替代的作用。我校"阳光心理社"团队现有专职教师2人,心理中心组成员7人,每位教师都有自己擅长的领域和活动主题,形成了具有共同基调又各具特色的教学风格,心理课堂深受学生的喜爱和欢迎。我们依据教育部《关于深化课程改革,落实立德树人根本任务的意见》《中小学心理健康教育指导纲要(2012年修订)》等文件精神,制定并实施了我校心理健康教育特色学科建设方案,促进了学生身心的和谐发展,推动了我校心理健康教育活动的开展,取得了显著的成效。

第一节　为生命的精彩绽放做好准备

为推动我校心理健康教育学科发展,争创心理学科特色,达到推动学生身心和谐统一的目的,我们对学校心理健康教育的现状进行了自我剖析,整合了已有优势,作为特色学科建设的基石。

一、学校重视提升发展高度

建校以来,学校始终把"一切为了学生和谐健康地发展"作为办学宗旨。"和谐地发展",意味着在学会做人基础上学会学习,在全面合格的基础上发展个性特长。"健康地发展",意味着具有健康的体魄、健康的心理、健康的生活方式和健康的审美情趣。因此,学校始终把心理健康教育放在发展的重要位置。学校成立心理健康中心,完善心理辅导工作的组织架构,投入大量经费不断改善软硬件配套设施,有计划地开展心理教育活动、践行心理教育课程。

二、多项殊荣保持发展热度

学校先后荣获"上海市心理健康教育优秀校""闵行区心理健康教育先进校"等光荣称号;2013年参加首批上海市心理健康教育达标校评估,并于2014年获评通过。

三、专家引领挖掘发展深度

闵行区心理教研员为学校心理健康环境创建、课程开发、学生教育等方面提供了专业支持与帮助,在教研员的指导下,学校有计划、有步骤地开展心理健康教育研究,实现心育、教研共同发展。除市、区心理教研员的支持,学校经常邀请心理、家庭教育相关领域的专家、学者为师生和家长开展讲座交流活动,并对我校心理健康教育的工作进行针对性和建设性指导。

四、强大师资夯实发展厚度

学校2名专职心理老师为心理专业科班出身,有着丰富的心理工作经验,中心组其他教师是由我校一线优秀的中青年教师组成的,平均年龄35岁,其中2名教师持国家二级心理咨询师证书,1名教师持上海市学校心理咨询师证书。在上海市心理活动课大赛中,1名老师荣获上海市一等奖,1名教师荣获上海市三等奖。

五、团队协作奠定发展效度

团队以"阳光心理社"中心组的形式开展互相听评课、磨课活动,组内成员配合默契,凝聚力高,扎实、高效地开展教学研讨活动。在各项活动中,大家群策群力,每位成员都能够各抒己见并提出独到见解。

六、家校社互动拓展发展宽度

学生心理问题的疏导需多方合力才能实现,因此学校搭建了家校社"三位一体"的协作网络。学校在已有家长课堂的基础上借鉴市家长学校的经验,建立家长学校,为家长提供排解孩子心理问题的专业知识与技能。在做好本校心理健康教育工作的基础上,将心理健康教育引入社区活动,联合周边社区协同开展不同形式和内容的心理健康服务工作,提升心理健康教育工作的辐射作用。

七、校本课程增添发展亮度

学校已有多本家庭教育、德育题材的校本读本,这些校本资源的开发,为心理健康教育提供了丰富的经验与素材,能够在学生常见心理问题、青春期的秘密、生涯规划等主题给予相应的支撑与示范,同时进一步丰富了学校心理健康教育的校本课程建设。

第二节 在生命的调色板上涂抹亮丽色彩

中小学心理健康教育是提高中小学生心理素质、促进其身心健康和谐发展的教育,是进一步加强和改进中小学德育工作、全面推进素质教育的重要组成部分。中小学生正处在身心发展的重要时期,随着生理、心理的发育、社会阅历的扩展及思维方式的变化,特别是面对社会竞争的压力,他们在学习、生活、自我意识、情绪调适、人际交往和升学就业等方面,会遇到各种各样的心理困扰或问题。开展心理健康教育,是学生身心健康成长的需要,是全面推进素质教育的必然要求。[①] 结合以上文件精神和我

---

① 中华人民共和国教育部. 中小学心理健康教育指导纲要(2012年修订)[EB/OL]. http://old.moe.gov.cn//publicfiles/business/htmlfiles/moe/s7164/201212/145679.html,2012-12-07.

校的办学宗旨、教育理念,决定了我校"阳光心理"特色学科建设的性质和理念。

一、学科性质观和价值观

"阳光心理"学科的性质是培养身心和谐健康的人。出发点是突出学生主体,变革学习方式;着力点是改变教学结构,转变师生角色;落脚点是让学生的思维动起来,让心理课堂活起来。

心理课程的核心价值是唤醒与激发学生内驱力,促使其不断地向内发掘力量,超越自我,健全身心。我们以助推每一个孩子走向丰富和灿烂的精神世界为课程追求,以超越自我健全身心为学科课程价值,打造"身心相融合的心理综合体验平台",开展契合学生特点丰富心灵的社会实践。巧借心理课堂、心理活动等途径,助推每一个孩子内在生长,让每一个孩子练就积极的心态,挖掘无尽的潜能,维持和谐可持续发展,为健康成长和幸福生活奠基,助推每一个孩子走向丰富和灿烂的精神世界。在创造学生当下和未来意义的同时,结合我校"3C3R"的核心素养,让每一个孩子不断超越自我,积健身心,完善人格,内心充满阳光。

二、学科核心理念

"阳光心理"是唤醒学生超越精神的课程。依据《中小学心理健康教育指导纲要(2012年修订)》文件精神,结合我校近年来开展心理健康教育的实际情况,提出学校心理健康课程的学科教育理念:让每一个孩子走向灿烂的精神世界。我们努力激发学生的心灵觉醒,唤醒学生的超越精神,让学生从内心中发掘力量,寻求自我突破、自我超越、生命创造、探索未知、寻求可能等,通过自我创造和自我改造来达到自我实现,从而促进学生的自主发展。

"阳光心理"是开发学生内在能量的课程。随着经济发展,物质和文化生活日益丰富,通过外部条件满足的低级需要已发展为通过内部因素才能满足的高级需要,个体更加追求内在价值和内在潜能的实现。充分激发学生的心理潜能,促进学生身心和谐可持续发展,恰逢其时。开发高效地促进学生身心健康和谐发展的心理课程资源,构建注重学生活动体验的、开放的、动态的课堂,具有三个鲜明的特点:一是真正体现学生的主体性;二是注重运用心理学教育技术与手段;三是呈现出超越心理课堂的特点,即本真、丰富、灵动。通过对学生心理特征、知识结构、认知结构和有效学习的规律研究,以促进学生身心健康,让每个学生健康、快乐、高效地接受心理健康教育知识,促进学生身心和谐发展,为健康成长和幸福生活奠基。

"阳光心理"是培养学生健全人格的课程。始终关注学生人人发展、全面发展、自主发展、个性发展和终身发展,是真正促进学生健康成长的课程。课程以成就身心健康为教育信念;以完善自我、健全人格为终极目标;以积健身心和完善人格为主线,贯穿心理素养培育(认识自我、情绪管理、青春期成长、人际沟通、学习能力、团队协作、创新思维等),助推学生走向丰富和灿烂的精神世界。课堂教学中,我们立足认知心理学理论、行为心理学理论和积极心理学理论,教学原则坚持"四结合",即科学性与实效性相结合;发展、预防和危机干预相结合;面向全体学生和关注个别差异相结合;教师的主导性与学生的主体性相结合。以活动和体验为本,重视表达与分享,学生从丰富的活动体验中释放前所未有的热情,体验生命的觉醒、超越及自我实现,全面推进素质教育。

总之,只有以学生的健康成长为中心,将心理健康课程进行系列化构建、全员化贴心服务,打造系统、规范、科学的心理教育特色品质课堂与系列活动,不只是关注学生的感受,而是引领学生整个身心的参与和实践,促使学生精神世界受到引导与塑造,潜移默化,习与性成,才会于润物细无声中助推每一个孩子走向丰富和灿烂的精神世界,才会昂扬生命的崭新姿态。基于以上对"阳光心理"的认知与认同,心理学科特色创建的内涵得到了进一步的拓展与挖掘,"阳光心理"应运而生。

第三节　昂扬生命的崭新姿态

开展中小学心理健康教育,要以学生发展为根本,遵循学生身心发展规律。心理健康教育的总目标是提高学生心理素质,培养学生积极乐观、健康向上的心理品质,开发心理潜能,促进学生身心和谐可持续发展,为学生的健康成长和幸福生活奠定基础。① 确立学科课程目标是建构学校心理健康教育课程体系的基础,因此我们依据《中小学心理健康教育指导纲要(2012年修订)》和学校理念与实际,确立了"阳光心理"特色学科的建设目标。

一、学科课程建设目标

为达成心理健康教育的总目标,培养学生自我教育、自主自助、调控情绪、承受挫折和适应环境的能力,引导学生健全人格,发展良好的个性心理品质,设定如下四方面课程建设目标。

(一) 创设多维度的课程内容

1. 科学的心理知识。传授科学的心理知识,例如心理的生理基础、青春期的变化、情绪调节等,将心理知识渗入心理健康教育课程的始终,以此帮助学生掌握有关预防与调节心理健康问题的方法,学会认识自己,悦纳自己,调控自己,化解负面的思想与情感,鼓励学生发展创新与批判性思维,保持心理的健康状态。
2. 合理的心理服务。调动学校、社会及家长的力量,形成心理健康教育的合力,

---

① 中华人民共和国教育部.中小学心理健康教育指导纲要(2012年修订)[EB/OL]. http://old.moe.gov.cn//publicfiles/business/htmlfiles/moe/s7164/201212/145679.html,2012-12-07.

在三方力量的共同作用下,调整学生的心理问题。学校心理教师、学生与家长面对面工作,解决学生在学习和成长过程中出现的各种冲突和问题,为学生提供直接的心理辅导服务、社会技能训练和行为管理策略,帮助学生妥善处理并平稳度过危机情境,如父母分居、离婚、亲人离世等。

3. 广泛的生活指导。心理健康教育不只关注学生的心理,还注重对学生生活各方面的指导。生活指导着眼于个性差异和个体需要,如学习、健康、人格、道德、交际、考试和职业规划指导等等。对学生个人素质充分发展起着十分重要的作用,有利于学生适应社会、学会生活。

4. 心理健康辅导与跟踪。尊重学生的个性发展,为每个学生提供心理健康辅导与跟踪服务。心理健康辅导主要包括对学生在学习、社会生活等个人问题方面的辅导;为每个学生建立详细而系统的累积性档案,以记录其智力、兴趣、爱好、人格特征和测量结果、学业成绩、健康状况、家庭历史背景、经济状况、社会实践经历等内容,心理教师运用各种测评技术和手段,以个体或者团体的形式,对学生的学习技能、学习能力倾向、人格和情绪发展、社会技能、学习环境等进行评估。

5. 生涯规划与辅导。生涯发展始于儿童期,小学生处于生涯发展中的成长阶段,在小学进行生涯规划与辅导能提高学生对兴趣的认识并与未来职业相联系,对学习兴趣的提高和成就动机的增强均有裨益。因此,根据学生的个性特点、兴趣爱好和特长进行综合测评,有意识地引导学生联系未来职业,激发学生的学习兴趣,为未来形成生涯规划方案奠定基础,是心理学科课程的重要内容。

(二) 培养心理问题的解决能力

引导学生初步学会从多角度觉察和发现心理问题,综合运用心理学知识、技能和方法等解决简单的心理困扰,引导学生心理的发展方向,多方面创造条件,帮助学生体验成长的幸福,享受生活的乐趣,从而强化心理素质和能力,实现全面发展,以此获得问题解决能力、情绪管理能力和挫折应对能力。学会运用心理学理论与辩证的思维方式思考问题,体验解决问题方法的多样性。

(三) 树立心理学科的科学思维

人的各种心理现象是人脑对客观事物主观能动的反映。心理的内容是主观的,但是心理现象的生理基础是客观的,心理和行为表现的背后是有规律可循的。学校将秉承"让每一个孩子走向灿烂的精神世界"的学科理念,发展学生的学科核心素养,培养具有应用意识和创新能力的学生,帮助学生树立系统观、实证观和批判性思维。

(四) 感受心理学科的魅力

体验心理学科的独特文化,积极参与心理健康教育活动,对心理学科有好奇心和求知欲;感受心理学科的力量,在心理学习过程中,体验获得成功的乐趣、锻炼克服困难的意志,建立自信;体会心理学科的特点,了解心理健康教育的意义和价值,养成认真勤奋、独立思考、合作交流、反思质疑等学习习惯,形成实事求是的科学态度。

二、学科教学改革目标

(一) 明确教学目标

教学目标是教学的指挥棒,直接决定了教学内容、教学方法和评价方式。在知识目标上,要让学生了解相关理论和基本概念,明确心理健康的标准及意义,了解中小学阶段的心理发展特征及异常表现,掌握自我调适的基本知识;在技能目标上要让学生掌握自我探索技能、心理调适技能及心理发展技能;在自我认知目标上要帮助学生树立心理健康发展的自主意识,了解自身的心理特点和性格特征,能够对自己进行客观评价,正确认识自己、接纳自己,积极探索适合自己并适应社会的生活方式。

(二) 提高教师教学技能

教学技能是提高教学质量的手段,也是衡量教师专业化程度的重要标尺,是成长为优秀教师的前提条件。因此,学科教学改革的成功离不开教师教学技能的提升,要始终把提升教师教学技能作为教学改革的重要抓手。

（三）整合教学内容

教学内容是给学生传授的知识和技能，倡导的思想和观点，培养的行为和习惯等的总和。选择教学内容要遵照教学目标和遵照学生的实际需要，选择贴合学生的教学内容，将整合教学内容作为教学改革的目标之一。

三、学科团队建设目标

组建有明确分工的合作团队，团队成员各自分工，精诚合作，在团结友爱的氛围中进行教学、科研交流，推动学科科学健康的发展；培育有创新思维的先进团队，营造自由、开放的和谐氛围，优势互补的学科背景，相互协助和支持的工作环境，促使成员朝着共同目标，为团队的荣誉努力；打造多学科、多专业组成的科研团队，一方面，可以克服因专业化带来的个人知识和技能的有限性，另一方面，可以集思广益，优势互补，创造更高的效率。

四、学科学习质量目标

掌握学科知识技能，能综合运用心理学知识、技能和方法等解决简单的心理困扰，在课程与活动中感受心理学科的魅力，形成心理学科的科学思维模式，促进身心和谐发展。

第四节　滋养心灵的阳光雨露

学校心理健康教育学科的建设推进，以《中小学心理健康教育指导纲要（2012年修订）》《关于全面深化课程改革落实立德树人根本任务的意见》等文件为依据，结合学校近年来开展心理教育的基础，初步形成了以"心理教育"为突破点的学校特色发展思路，编写小学、初中两个不同学段的心理校本读本，得到了专家的指导与认可，同时我们将此套教材运用于校本课程的实施,校本课程依据在校教师、学生及其他因素,分为心理辅导课程、心理实践活动、心理家校活动以及心理社区活动。为了进一步优化与夯实校本课程的成果,学校从多途径推进学科建设,主要体现在以下几个方面:

一、构建"阳光心理课堂",打造心理健康教育主阵地

"阳光心理课堂"是学校开展心理健康教育的主要形式,学校把心理健康校本课程纳入学校课程计划中,四年级、八年级每班每周一节心理健康活动课,其他年级则利用每周午会课、选修课(学校称为 V 课程)及定期讲座进行心理健康教育,并将心理辅导活动课有机融于拓展型和探究型的课堂教学之中。除心理健康校本课程外,班主任老师组织开展的班团队会活动和各学科心理教育的渗透也发挥着重要作用。同时,心理辅导活动课纳入教师绩效考核内容,从而使心理健康教育常态化。在课程实施过程中,教师们以"面向全体,关注个体"为理念,旨在发挥教育机智,抓住时机,营造充满好奇、独立思考、积极探索、科学思维的心理辅导课程,实现"让教师的每一个行动都带给学生光明"。相关课程及内容如下。(见表 14-1)

表 14-1 学校心理健康课程具体安排

年级	类型	教材	授课人	频率
一年级 二年级	故事	区本教材:心理绘本	家长 专职心理老师	每 2 周一次
三年级	心理课	小学生心理自助手册	专职心理老师	每班每周 1 节
四年级 五年级	拓展活动	心理游戏、校本读本	班主任 专职心理老师	每 2 周一次
六年级	讲座	讲座	专职心理老师	每学期 2 次
七年级	选修课	心理 V 课程(选修)	专职心理老师	每周 1 节
八年级	心理课	中学生心理自助手册	专职心理老师	每周 1 节
九年级	团辅	考前心理辅导系列	专职心理老师	每月 1 次

二、 开展"阳光心理"主题活动，感受快乐校园生活

为了推进我校心理健康教育工作，培养学生乐观、向上的心理品质，创造"安全、文明、和谐、绿色"的校园文化，学校结合学生特点及环境因素，定期开展"心理健康教育月"活动，如开展主题为"感悟幸福，分享快乐""健康心态快乐成长"等专题活动。在每一个活动月中，为全校师生安排丰富多彩的心理活动，如：观看一部心理电影、办一期心理小报、上一堂心理班队会、举行一次心理知识竞赛、开展一次心理咨询会、举行一次心理团队游戏等。通过这些主题活动，让学生能与家人、同学、朋友分享个人成长的快乐点滴，与人和睦相处，促进学生人格的健全发展，创造和谐班级、和谐校园、和谐家庭。

此外，学校还通过创办校园文化艺术节、体育节、科技节、读书节、开展班会主题活动等方式，丰富学生的学习生活，激发学生兴趣，活跃学生身心、为学生身心健康成长提供丰富的舞台。

三、 组织"阳光心理"社团，营造阳光校园氛围

本着服务同学、服务教师、促进和谐校园建设的出发点，由学生指导中心牵头，学校心理健康中心合作，在校内组建并开展学生心理社团工作。心理社团能够促进广大同学的参与度、扩大心理健康教育的影响面、形成心理自我保健意识；让更多的人参与到学校的心理健康教育的工作中来，营造人人都是心理工作者的校园氛围，也使广大同学能在身边寻找合适人员倾诉苦恼，及时缓解或消除一般性心理困惑，帮助学校及时掌握各班级的心理气象，及早进行心理危机的预警和干预，促进班级心理文化建设，促进平安校园建设。

四、 举办"心理家校、社区活动"，形成三方合力

学生在成长，家长更需要成长，在孩子不同阶段，了解他们的心理，懂得如何与孩

子有效沟通。"家长大讲堂"通过智慧父母成长营、家庭教育访谈等多种形式,旨在多途径帮助家长纠正消极的家庭教育观念和教育方式,逐步促进家长积极的教育理念的形成与落实实践。每月选择家长们感兴趣并关注的话题,为家长们介绍孩子在不同年龄段的心理特点,和家长共同探讨教育孩子的科学方法,促进孩子们的健康成长。目前,家长大讲堂系列讲座已经成为学校心理健康教育的闪亮"名片",其具体内容如下。(见表14-2)

表14-2 家长大讲堂系列讲座

主题	具体内容	对象
学习适应与习惯养成篇	如何帮助孩子幼小衔接	一年级新生家长
	理解儿童和儿童发展	全体家长
	好爸好妈是怎样炼成的	一至五年级家长
	如何让孩子喜欢学习	一年级新生家长
	家长如何培养孩子的注意力	一、二年级家长
	如何帮助孩子小初衔接	六年级新生家长
	如何激发孩子的学习成长动力	六至八年级家长
	告别"拖延症",注意力问题	三至八年级家长
情绪培养篇	与孩子一起成长(情绪)	一至五年级家长
	家庭如何帮助青春期孩子平稳过渡	六至八年级家长
人际交往篇	同伴交往	一至三年级家长
	如何与成长中的孩子沟通	六、七年级家长
	如何做好九年级的家长	九年级家长
	怎样做考前家长	九年级家长
性别养育篇	如何做好女生的家长	全体女生家长
	如何做好男生的家长	全体男生家长
	怎样为女孩选择合适的内衣	初中女生家长

在做好本校学生心理健康教育的基础上,充分发挥示范引领作用,积极对接社会服务需求,联合周边社区协同开展不同形式和内容的心理健康服务工作,不断深化和

拓展学校心理健康工作的社会服务功能,提升心理健康教育工作的辐射作用,使学生的积极心态、健全人格在学校、家庭和社会构成的"三位一体"成长环境中得以良好形成。

为有效提高社区活动的服务水平,更有针对性地开展心理社区活动,学校制定了社区活动评价量表,以期通过进一步的反馈,改善"超越心理"进社区的服务质量。学校社区活动评价如下。(见表14-3)

表14-3 复旦万科实验学校社区活动评价量表

评价项目	具体要求	分值
活动目标明确	活动中知识传授、能力培养、教育思想等方向目标完整、具体、明确,确定目标的依据充分。	10分
活动内容分析	对所选内容在社区教育中的地位、作用的理解和分析正确,准确把握教材的知识结构和体系。对活动内容的处理科学合理。教学重点、难点定性准确,分析比较透彻,定性的依据充分。	10分
活动对象分析	对学员学习本课的原有基础和现有困难分析准确,采取的教学对策有助于学员克服学习上的困难和心理障碍。	10分
活动设计与方法的运用	活动总体设计合理,有新意,有自己的见解。活动程序的设计科学,能实现教学目标。导入和结束等重要教学环节和重点、难点知识的教法和设计符合学科特点,活动方法能调动学员的学习积极性,有利于培养学员的学习素养。现代化教学手段的运用有助于提高教育教学效率。	45分
表达与教态	教师教态自然,仪表端庄大方,语言清晰流畅。	20分
活动现场交流	交流内容准确、层次清楚、有理有据。	5分
总分		

五、提供"阳光心理辅导",为学生成长保驾护航

规范学校心理教师心理咨询的工作流程,心理咨询室开放时间固定为周一至周五中午的12:00—13:00,确保每周五小时固定开放时间,以便学生能够及时接受心理咨询。学校积极为学生提供心理辅导,有需要的学生可以通过谈心、聊天、留言、电话等

方式与辅导老师及时沟通。心理教师应做好辅导记录,并严格遵守保密原则。心理咨询工作全流程做到有记录、有档案。对个别特殊学生,做到"走出去、请进来"的方式进行跟踪辅导;对个别需要采取医学干预的学生,识别并转介到专门的医学机构诊断,使学生得到及时的治疗。

六、积极宣传"阳光心理工作",推动心理知识传播

学校重视心理健康教育工作的宣传,提升全校师生、家长的心理健康关注度。如结合校园宣传栏等渠道,因地制宜定期办好心理健康教育专栏,利用校园广播、网络、微信平台等向全体师生经常性地普及心理健康知识,培养师生良好的心理素质,达到陶冶情操、美化生活、融洽师生关系的目的。

心理健康教育与受教育者的人格发展密切相关,并直接影响个体人格的发展水平,其重要性与深刻性不言而喻。学校在心理健康教育实践中,将"阳光心理"教育有机地渗透到学科教育中,调整好教师群体的心理健康状况,发挥好家庭教育对培养学生健康心理的重要作用,为学校做好心理健康教育工作提供有效支撑。我们将继续共同为孩子们的和谐健康发展倾注热情和智慧,愿每一位孩子内心充满阳光,生活幸福,成长无限快乐。

(撰稿者:顾丽萍、王偲)

第十五章

磁性科学：让孩子探究科学的奥秘

　　科学课程应该像磁铁一样牢牢吸引住孩子，通过亲身经历动手动脑等探究的全过程，学习科学探究的具体方法和技能，体会科学探究的乐趣，养成运用科学思维解决问题的能力；在科学探究中养成合作、独立思考、敢于质疑的精神，全方位提升自己的科学素养。通过引趣、激趣、探趣、用趣的方式，一步步推进和落实科学课程的学习，这就是"磁性科学"的行动主旨。

依据《上海市初中科学课程标准》,为切实提升学生的科学素养和教师的教学能力,提高科学学科的教学有效性,践行学校"一切为了学生和谐健康发展"教育理念,学校推行了科学特色学科建设。学校共有 5 名科学教师、1 名实验员,都属于理化生教研组。品牌教师 1 人,中级教师 3 人,均是本科以上学历,两位教师以化学为主,两位教师以物理为主,一位教师专门任教科学和生命科学,教师团队专业背景殷实,互为补充。理化生三种学科的教师,动手能力强,具有严谨的科学思维和较强的科学探究能力,组内制定了"磁性科学"实施方案,为切实提高学生的科学素养保驾护航,通过我们的不懈努力,现已取得了一些成果。

第一节 明确学科定位 推动团队成长

科学课是新课程改革中出现的一门新兴学科,它是在小学自然常识的基础上,更全面、更科学地培养学生的发现问题、解决问题、探究科学真谛的一门学科。学生对科学知识兴趣浓郁,好奇心重,对科学探究活动充满向往。科学教师教学经验丰富、睿智,共同组成了充满活力和探究精神的团队。在科学教师的引领下,在探究活动中,学生的科学素养得到了提升。

一、教师团队专业背景殷实

组内两名教师的专业背景是物理、两名教师的专业背景是化学、一名教师的专业背景是生物。科学知识包罗万象,既有物理和化学,也有生物知识。在任教过程中,不同学科背景的教师可以互相交流探讨,取长补短,共同学习,纠正教学中可能出现的科学性错误。组内教师均有多年教龄,教学经验非常丰富。每位教师都能独当一面,工作认真负责、积极进取、相互促进,用群体的智慧演绎着教学的精彩,用锲而不舍的拼搏诠释着"一切为了学生和谐健康地发展"教育理念。

二、教研气氛和谐浓郁

五位科学教师在教研活动中，积极探讨自己在教学中遇到的问题，比如化学老师和生命科学老师更多会遇到物理知识的问题，担心在课堂中提出的探究问题没有深度或者可行性比较差，这时就由物理老师给大家讲解；物理老师和化学老师在教学中遇到的生物问题就由生物老师来解惑，每次教研大家讨论都很热烈，也都收获满满。如果遇到区教研活动，由生命科学老师参加，回来后在转达教研的主要内容和要求，大家再组织讨论。经过多年的磨合，每位教师的教学能力都有了极大提高，工作得心应手。

三、科学学科课程群初具雏形

经过了多年的探索和实践，学校建立了多样化、结构化、系统化，相互渗透、相互依托的科学学科课程群。学校为学生提供了多样化的课程选择，丰富学生学习科学的途径，满足了不同学生的个性需求。

四、学习热情支撑学科建设

初中生对科学世界充满好奇心，也充满求知欲，在求知过程中拥有强烈的探究热情，喜欢在实践中主动的感知外界、积累生动的表象，领悟科学在实际生活中的独特价值。因此，我们在科学课中开展了多种多样的探究活动，大大激发了学生的学习兴趣，拓展了学生的知识面，提高了学习的积极性和主动性，进一步提升了学生的科学核心素养。

第二节　立足学科特点　深挖学科内涵

磁性科学提升学生科学素养,重点不在于科学知识体系的传授,而更多在于通过引导学生亲身经历科学探究的过程,激发对科学的兴趣,培养科学的态度和科学探究的能力。磁性科学的教学也不仅仅在于课堂学习,它还可以通过多种途径、方式和方法进行科学学习和探究,提升科学思维能力。

一、学科性质观和价值观

(一) 磁性科学具有基础性

学生通过科学课程的学习,逐步领悟自然界的事物是相互联系的,各种知识也是相互融通和不断发展变化的,帮助学生认识科学概念和原理在各学科领域中的体现,鼓励学生理性思考,让学生认识到科学的发展对社会和生活的影响,树立热爱科学、热爱生命、热爱祖国的社会责任感。

(二) 磁性科学具有实践性

磁性科学的主要特征是理性、实证和怀疑的科学探究活动。这种探究活动以多样统一的自然界作为研究对象,以人类对自然规律的认识为研究目的。科学探究是科学知识形成的核心,科学探究能力与方法的培养是全面发展学生科学素养的关键。科学探究是科学的基本认知方法,也是重要的科学学习方法。科学探究就是一种让学生理解科学知识的重要方法。

(三) 磁性科学具有综合性

初中生的心理特点倾向于直接的形象思维，习惯于从整体上观察事物。科学使学生从整体上学习基础知识，并从整体上获得基本的训练方法，这样有利于培养学生全面、多角度看问题的习惯和能力。科学与生产和生活联系密切，与探究式教学方法融为一体，学生实践活动多，容易激发学习兴趣，符合学生认识世界的规律。在磁性科学中，学生通过科学探究活动理解科学知识、学习科学技能，体验科学的神奇，初步理解科学本质，形成科学态度、情感态度与价值观，培养创新意识和实践能力。通过磁性科学学习，走近科学探究，提升科学素养。

二、学科核心理念

初中科学课程必须面向全体学生，通过提供不同的探究课程，体现多层次的课程要求，增强课程的选择性；同时教师要设法创设不同的探究学习环境，以满足学生个体差异的需要，使每位学生学习科学的潜力都能得以充分发挥。

(一) 磁性科学是开放的科学

磁性科学具有开放性，这种开放性表现在时间、空间、过程、内容、资源等多方面，给教师、学生提供了选择的机会和创新的空间，课程可以在最大程度上满足不同经验背景的学生学习科学的需要。教学秉持开放的观念和心态，学生利用学校、家庭、社会、网络的多种资源，积极参与各种探究活动，进行科学的学习。学生根据自身实际情况，自主选择探究课题，通过不同的学习方式观察、记录、调查、归纳、参观、调研，最后进行归纳和总结。

(二) 磁性科学是探究的科学

科学学习以探究式学习为中心。亲历以探究活动为主的科学之旅，是提高每位学生科学素养的基本途径。磁性科学就是通过学生真实的科学探究活动、了解科学探究的基本步骤和基本方法,构建科学知识、形成科学观念、领悟科学研究方法,从而提升科学探究的能力。磁性科学就是在科学事实的基础上,鼓励学生敢于质疑,自主学习,利用所学的科学知识解决科学探究中的问题,培养学生科学探究品质、科学探究思维和科学探究精神。

(三) 磁性科学是融通的科学

磁性科学在重视学生能力的基础上,进一步把所学的科学知识转化为实际能力,重视科学知识与其他学科知识的紧密结合,并用所学的知识解决生活中的实际问题,让科学知识与社会热点结合起来,敢于质疑,养成科学的思维习惯。

(四) 磁性科学是创新的科学

创新是一个民族的灵魂。一个没有创新能力的民族,难以屹立于世界民族之林。磁性科学就是利用本学科的特点,在日常教学中,创设有利于学生开展积极思维的课堂环境教学,鼓励学生大胆想象,发挥自己的创造力,培养学生的创新思维,在日常生活中崇尚科学创新,培养学生的创新意识。比如在学习《感知与协调》的时候,鼓励学生在理解人体各种结构功能同时,学习思考机器人的创制原理与人体的功能有哪些相似之处。课后鼓励学生上网了解现在流行的人工智能相关知识,课堂中进行交流。

(五) 磁性科学是有担当的科学

科学与人的生命息息相关,与国家的经济发展具有密切的联系。磁性科学在运用科学知识解决实际生活问题时,关注科学、技术与社会的关系,关心与科学有关的生活与社会问题,关注科学的进步及其对技术、经济和社会的影响,对中华民族振兴和中国的和平崛起的影响,促进学生理解人类命运共同体的内涵和价值,养成运用科学知识服务祖国的责任意识,关爱自己与他人的健康、珍惜生命,培育健全的人格,养成注意安全的习惯。比如我们在学习《宇宙与空间探索》的时候,首先是从我国宇宙探索的成就、科学家在空间探索中作出的不懈努力入手。让学生在学习中了解我国的前沿技术,谈谈空间探索的成就在我们日常生活中的应用,让学生了解科技的进步对中华民族的复兴意义,养成服务祖国的意识。

磁性科学学科建设,使学生不仅能从科学家的探究活动学习探究的方法,领悟科学家的锲而不舍和实事求是的探究精神,还能自己设计主题,制定探究计划,完成探究活动,提高自己的科学素养,更能把所学的科学知识用于实际生活,学会理性思维、爱护生命、保护祖国的大好河山。

第三节　夯实学科质量　优化学科目标

在《上海市初中科学课程标准》的指导下,磁性科学围绕学科核心素养的基本要求,立足学生的发展,提升每一位学生的科学素养。磁性科学让学生了解科学的概貌,感悟科学探究过程、认识实验观察方法、了解科学、技术与社会的关系。

一、学科课程建设目标

在现有科学基础课程之外,我们开发了更多适合不同年级、不同学生的探究性磁性课程,让每一位学生都能选择自己喜欢的探究活动。教师在教学实践中运用已有的课程群,为学生提供了多种选择,为学生的科学探究活动提供了学习的框架,运用理性思维学会猜测、观察、归纳、推理等多种探究方法,学会提出问题、形成假设、制定计划、收集证据、处理信息和表达交流。教师在教学中也不断对已有的课程进行完善,让课程更能适应学生的需求。

二、学科教学的改革目标

磁性科学增强了学生对科学的好奇心,帮助学生养成主动探究的习惯。在科学活动中,学生学会严谨求实,尊重自然规律,敢于提出自己的见解,不人云亦云;学会了探究的基本过程,用合适的方法开展科学探究活动;学会了合作、分享、交流、养成了珍爱生命、保护自然的社会责任感。

三、学科团队的建设目标

扎根学校课堂,深入教研,发现、探索并解决教师聚焦的问题,立足现实需要,做好需求分析,确立教研主题。调动每位教师的积极性,把探究活动的理念融入课堂和学校教学的方方面面。同时根据每位教师的教学特点开发自己的特色课程资源,积极参与课程的实施、共同讨论课程中的优点和缺点,不断地修改完善,积极推广,做到人人能胜任基础课程的教学,还能参与校本课程的开发和实践。

四、学科学习的质量目标

根据学校学生的特点,我们制定了磁性科学的总目标:具备扎实的科学知识和技能;较强的科学探究能力;养成批判和质疑的科学态度、精神以及实事求是的意识,保持对大自然的探究欲望和浓厚的探究兴趣。

(一) 知识和技能目标

通过磁性科学的学习,学生除了获得基本科学事实、基本概念和基本原理外,能够用实验和逻辑推理过程来理解学科的基本概念和基本原理,从学科概念和原理来解决实际问题。初步学会正确选择、使用和安装科学实验仪器;初步学会用文字、图表等形式客观地记录与表达实验现象和结论等;从学科角度了解科学对技术、社会、生活的影响以及初步识别科学与伪科学;从人与自然协调发展的角度来正确认识科学、技术与人类社会发展之间的关系。

（二）过程与方法目标

科学探究是科学的核心,科学探究能力与方法的培养是全面发展学生科学素养的关键。通过科学探究活动,初步学会科学探究的六个环节：提出问题、形成假设、制定计划、收集证据、处理信息、表达交流,为今后进一步进入其他领域的科学研究活动和实验打下过程与方法的坚实基础。

（三）情感态度与价值观目标

在磁性科学教学中,形成对自然的探究欲望和对科学的探究兴趣,既能独立思考,又乐于与他人合作、交流与共享资料与成果,敢于提出问题和质疑、敢于发表新异观点,既有实事求是精神又有猜测和想象能力,关注科学的进步对社会和经济的影响。

第四节　多维立体施策　推进学科建设

磁性科学就是让学生在科学课中,积极主动地探究和寻求结果的过程。学生获得与科学有关的课程体验,理解其中的科学道理,领悟科学家的思想观念、学习科学家研究自然界所利用的种种方法,在探究活动中提高自己的科学素养。

一、构建磁性课堂，推进教学深度转型

在磁性课堂中以科学探究为主线组织学生活动,通过探究的学习方式体现科学学习的过程和方法,从而更好地理解科学学习过程的本质。

在教学中首先创设贴近生活的磁性课堂。科学教学要"从生活走向科学,从科学走向社会"。从生活实际出发设计磁性课堂,让每个学生带有一定的感性认识,再参与到课程学习中,提升科学学习的积极性。例如,我们在学习《常见的酸碱指示剂》一课

时,课前要求学生在家里用紫甘蓝榨汁或者注水,把收集的紫甘蓝汁分成若干份,分别放入等量的白醋、苏打水、纯净水中,仔细观察紫甘蓝汁颜色的变化,并进行多次试验,观察实验现象的不同。学生带着疑惑再学习《常见的酸碱指示剂》这节课时,能够轻松理解知识内容,并能用所学的知识解决生活中遇到的自然现象。

其次,设计与社会热点相结合的磁性课堂。把科学知识与社会热点结合起来,既能帮助学生记住所学的知识,提高学生的学习兴趣,在探究活动中激发学生的发散性思维和开放性思维,也增强了学生的爱国热情和民族自豪感。例如在学习《重力和摩擦力》这节课时,我们首先是观看了我国"神舟号系列飞船和天宫二号"的视频,学生在重温这些镜头时,民族自豪感油然而生。然后大家讨论我们人体向上跳时会掉下来,而飞船升空时没有出现这种情况,引出了重力的课题和含义。发射飞船时通过哪些措施解决了重力影响的问题,飞船在大气层中快速运动时还受到了哪些力的影响,如何克服这些力的影响,带着这些问题学习,学生的积极性很快被调动起来,他们不仅积极参与课堂讨论、交流与分享,还在课后通过各种途径查阅资料,进一步拓宽了知识面。

二、 推行磁性探究,提升学生科学素养

《上海市初中科学课程标准》中提出"初中科学课程必须面向全体学生,为每一位学生提供'基础型课程、拓展型课程和探究型课程'的科学课程结构,通过提供不同的课程内容,体现多层次的课程要求,增强课程的选择性;同时,教师要创设不同的学习环境,以满足学生个体差异的需求,使每一位学生学习科学的潜能都能得到充分发展"。[①]

在磁性科学常规教学中,积极利用基础课程的探究活动提升学生对探究活动的好奇心,养成科学探究的方法和能力,提升学生的科学素养。我们为不同学生提供多种科学课程,以满足不同学生的需求。在学校的 V 课程中,根据不同年级学生的认知特点,开发不同的科学课程,六、七年级开设《航模制作》《航天科技》;七、八年级开设《结

---

① 王运生.上海市初中科学课程标准解读[M].上海:远东出版社,2005:32.

构承重制作》，在六、七、八三个年级中针对不同的兴趣的同学开设了《农艺种植》《创客——STEM》《生活中的物理》《创客——机器人》《创客——无人机》《创客——python编程》《创客——scratch编程》，在这些课程中，学生的潜能得到了充分的发展。在每年一度的科技节活动中，设计不同的科技活动，让学生积极参与其中，并从中得到探究的快乐。对于兴趣爱好广泛、能力较强的同学，利用课后时间集中培训参加市、区级各项科学活动和比赛，让他们的科学能力得到更好发挥。开发适合家庭探究的科学项目，由家长与孩子共同参与完成，不仅能提高孩子的科学素养，又能使孩子感受父母的陪伴。

三、建设磁性团队，营造和谐团队氛围

（一）确立团队的目标

团队的目标就是要以科学课为抓手，V课程和Ⅰ课程作为辅助，实施探究性教学、养成科学思维、养成探究的能力。因此每位教师要在日常生活中不断学习前沿科技动态，了解科技发展方向和日常生活中出现的各种伪科学的问题，及时在课堂中与学生进行探讨，提高学生的科学素养。教师要在教学中不断提高自己的教学能力，相互配合，不断提升自己的探究水平。

（二）建立团队的内部章程

团队成员担任不同的学科教学，大家在日常教学过程中，由备课组长确立探究的主题，统一备课，教案和课件共享，课后共同探讨在探究活动中存在的问题，并形成解决方案。

四、搜集磁性资源，扩大科学探究外延

科学课堂是针对所有学生的课堂，通过科学思维的训练，使学生将科学方法内化

为自己的思维方式和行为方式,以提高学生整体的科学素质。教师在教学中要进行开放式教学,寻找实际生活中遇到的科学现象,提出具有探究价值的问题,确定探究主题,让学生模拟、经历科学的探究全过程,使科学探究的知识与方法得到进一步的内化和升华。

五、创设磁性活动,增强科学应用能力

除了在科学课堂中开展科学探究活动,还有许多本校的特色活动让学生了解科学的奥秘。比如学校开展的一年一度的科技节活动,活动中设置了不同的探究项目让学生来选择,学生根据要求自行完成探究活动。对于一些有特长的学生,学校开设了不同的社团,比如航模制作社团,STEM社团、编程社团等等。对于一些能力突出的学生,培养他们参加各种级别的比赛活动。在课后,落实科普宣传常态化,学校开辟了专门的科普宣传栏,向学生宣传和普及科学知识,发挥科学隐性课程的效能。

科学研究是一种理性、实证和怀疑为特征的探究性活动。学生在认识世界的过程中不能仅停留在事实基础,更要寻找事实背后的本质。立足兴趣探寻本质的过程将会收获事半功倍的效果,磁性科学的理念为我们提供极佳的着力点,引趣、激趣、探趣、用趣将贯穿探究的各个环节,彼此依存,共生同长。磁性科学的精髓就在于"趣",科学探究始于"趣",终于"趣"。

(撰稿者:周春芹)

第十六章

奇妙科学：让孩子们探索世界的奥妙

小学科学课程遵循学生身心发展的特点，引领学生亲近自然，通过丰富多样的科学课程及活动，激发探索与创造的热情，在探索过程中，找到自己的闪光点与价值，树立科学观，同时注重在实践中培养科学素养与思维能力。在实践中，运用发展思维看待和研究科学与自然，提升分析与解决问题能力。

本校科学教师共 6 人,依据《义务教育小学科学课程标准(2017 年版)》要求,为切实培养学生科学素养与探究精神,提升教师学科能力,实现学校在科技特色建设上的跨越式发展,近年来学校在学科教学、团队建设、学科教研、课程群建设等诸多方面推行了科技特色学科建设,通过不懈努力取得了显著成效。

第一节　课程体系创新　激活奇妙科学

学校积极支持科技教育体系的建设,新建了 STEM 教室和信息教室,优化整合了一批现代化的教学软硬件设施,并开设一系列配套课程。通过选拔考核机制,选择了一批有特长的学生组建科技社团。与此同时,开设了一系列校本课程,让学生们都能感受"奇妙科学"的魅力。学校的科学教育,严格遵循国家教育部颁布的《义务教育小学科学课程标准(2011 年版)》,不断探索和创建了与本校实际相结合的"奇妙"科学特色课程体系。

一、科学课程体系化建设有创新

科技校本课程已成体系,覆盖多个领域,目前有机器人、Scratch 编程、科技动手做等十门课程,涉及编程、人工智能、工程、计算机等科技领域,覆盖小学到初中各个年级,几乎每位同学都能找到适合自己的课程。

二、课外科技活动丰富有活力

学校突破了课堂教学活动的局限性,开展了一系列丰富多彩的学生课余特色科技活动,如:科技动手做、航天模型、动感车模和乐高机器人等等。科技教师分工负责,定期对学生进行指导与训练,分别成立车模社团、机器人社团、航模社团等学生科技团体。经过这几年的不懈努力,在模型、机器人、科技创新等赛事中获得了市区级多个奖项,得到了上级领导的一致肯定。丰富的课外科技活动,既活跃了学校的文化生活,又促进了学生个性特长的发展,提高了学生的综合科学素质。

三、社会资源多样有力度

学校位于大型社区内部,每年都会进入社区开展科普活动。在实施垃圾分类之际,学校志愿者深入社区,与小区居民互动宣讲,上门发放垃圾分类卡,得到了小区居民的普遍认可和称赞。学校与学生家长们也保持着融洽的合作关系,每当我校举行科普讲座等科技活动,都会邀请具有相关专业知识的家长们作为嘉宾讲解科学知识。同时,我校也发挥了区域优势,与市、区的一些科研院所保持良好的合作关系,定期聘请专家来校指导工作。

第二节 研读科学课标 挖掘学科内涵

《义务教育小学科学课程标准(2011年版)》提出小学科学课程实施探究式的科学教育,通过引导学生体验科学探究过程,初步形成对科学的认识,从而最有效地达到培养学生科学素质的目的。探究式科学教育,能够让学生通过亲自收集数据,参与实证、讨论和辩论,建构和理解主要的科学概念;体会到人类通过观察、实验和推理来获取正确的知识,并了解科学知识是相对稳定并不断发展进步的。探究式科学教育,还能培养学生的科学思维能力、动手能力、创新能力和运用科学语言进行表达和交流的能力。学生有了参与探究活动的亲身体验,也有利于他们对科学精神的理解和培养,学会尊重事实,尊重和欣赏不同的意见,养成科学的生活方式,并对科学技术与社会的关系有基本的了解。①

一、学科性质观和价值观

作为科技特色学校,我们旨在让学生能够体验科学的奇妙,让孩子们探索这个世界的奥妙。通过科学课程、科学资源、科技活动、科技节日,感受科技的奥妙,逐步养成科学的思维能力和求真务实的科学态度。以学生日常生活经验和事物为基础,以科学探究为主要学习方式,拓展思维领域,让学生在情景中感受科学的奥秘。采取多样灵活的教学组织形式,通过各类科技特色课程的学习及各类科学活动的开展,帮助学生树立科学观,激发学生探索的欲望和创造的热情。学生进行探究活动的过程也是一种思维能力提升的过程,在活动中学生需要关注各个环节所遇到的问题,经过相互讨论、查阅资料和合作实验等方式解决问题,形成以学科课程为主、主题活动为辅的科学特色课程体系。

二、学科核心理念

奇妙科学引领孩子感受大自然的奇妙,激发孩子们探究奇妙的热情,用科学的思维方式和行动策略探究奇妙科学的真谛。奇妙是兴趣点,更是探究科学的动力源;科学是探究的内容,更是探究的内在逻辑。奇妙科学是探究的、跨界的学科,更是意义深远的学科。

(一)"奇妙科学"是探究的科学

在"奇妙科学"中,所有项目活动都要求学生通过合作探究的方式执行。在课堂活动中,往往会设计若干环节,这就要求学生在探究过程中,分工合作,统一研究进度,在

---

① 中华人民共和国教育部. 义务教育小学科学课程标准(2011年版)[M]. 北京:北京师范大学出版社,2017:1.

探求科学奥秘的过程中,通过任务分配的制度,每个学生都需要独自面对所出现的问题。在课程设计过程中,学校十分注重提供充分思考时间和空间,让学生在探究过程中,能够更加应对自如。

(二)"奇妙科学"是跨界的科学

现今任何一项创新诞生的背后都有多门学科的支撑。近代科学发展,特别是重大问题的解决,常常是不同学科的相互交叉和渗透,是在学科的交叉点上发生的。这要求我们在综合问题的解决上,投入更多的时间和精力去研究。我校在课程设置中也设置了这样的交叉学科,例如机器人编程、航天科技等,让学生在课程学习中,逐步积累跨学科知识,培养跨学科能力。

(三)"奇妙科学"是有意义的科学

在"奇妙科学"的课堂上,不只是科学知识教育,同时也是科学价值观的教育。在学生感受科学发展的同时,也能了解到很多科学发展所带来得问题,例如气候变暖、土地荒漠化和物种灭绝等。通过这样的方式潜移默化地让学生慢慢形成科学环保理念和社会责任感,在传播普及科技知识的同时,树立正确的人生观、价值观。

第三节 提升科学素养 明确学科目标

《义务教育小学科学课程标准(2011年版)》指出小学科学课程以提高学生的科学素质为宗旨,促进学生的全面发展。掌握基础的科学知识,发展科学思维和语言能力,获得科学探究的有关技能和方法,培养热爱科学、善于思考、求真务实、互助合作、保护环境和呵护健康的生活态度,是科学课程的主要任务。[1]

---

[1] 中华人民共和国教育部. 义务教育小学科学课程标准(2011年版)[M]. 北京:北京师范大学出版社,2017:3.

一、学科课程建设目标

每个孩子天生具有强烈的好奇心和探究欲,正是这样探索的欲望,才推动着科技的发展和社会的进步。在课程建设中满足学生在各个方面的探索欲,带着这颗探索之心,去探索我们这个"奇妙"的世界,通过自主探索活动获得对科学世界的认知,在探索中获得知识。通过合作探究,逐步形成提出问题、分析问题和解决问题的能力,培养交流与合作的能力。多样的课程和活动,让学生形成多学科综合能力,发展创造性和想象力,建立广阔的视野和科学价值观。

二、学科教学改革目标

打造"奇妙课堂",以全面培养学生的科学素养为教育目标,体现科学态度、科学知识、科学探究"三位一体"的总体要求,通过生动形象而有趣的实验,用通俗易懂的教学方式激发小学生对周围事物的兴趣和探索欲望,紧跟时代步伐,注重知识的实践运用,将人工智能、自动驾驶等科学技术带到课堂上,感受科技的魅力。

三、学科团队建设目标

学科的主要任务是培养学生的科学探究能力和科学思维能力,执教教师需要具备一定的专业知识和技能水平,开展特色教学研讨活动,发展特色教学能力,在实践中发掘潜力,提升综合素质。充分利用社会教育资源,弥补本校专职教师数量不足,使学校科技社团技术水平和科技氛围建设得以进一步提升。

四、学科学习质量目标

科学课程旨在培养学生科学素养,使学生从小学阶段初步形成探索学习能力,引导学生培养良好的科学思维能力;掌握必备的基础知识和实验技能,并且在各类活动中发挥出较高水平。在全面完成学科课程标准所要求的教学内容同时,促进学生学科语言能力发展,达到同年龄段较优秀水平,使学生在以后自然科学知识学习中更加得心应手。将社团课程作为课堂教学延伸,学生在应用所学知识完成任务的同时,亦能发现自己的爱好并且培养成特长,然后通过进一步指导与学习,努力形成专业研究方向。

第四节 多维资源整合 助推学科建设

《义务教育小学科学课程标准(2011年版)》提出课程的内容和组织,应尽可能贴近学生生活,为学生充分提供动手机会和思维空间,小学科学学科团队针对性地开展了课程内容及拓展活动的设计,推动了课堂教学内容和方式的革新,让学生能够自由地探索世界的奥秘,感受科学的奇妙。

一、开发"奇妙课堂",形成有特色的课堂教学体系

"奇妙科学"系列课程,是以基础性课程为主体,以课堂活动和课外拓展为补充,结合我校实际而开发的特色课程,旨在激发学生的好奇心与热情,用"科学眼"去观察世界,去理解、探索周边的事物。通过科学课堂学习、科技赛事、科技社团等丰富的课程活动,提升科学学科核心能力和素养。

将科教版《自然》教材与《Light Up Science》教材内容结合起来,对本教材的内容进行全面梳理,将三维目标进行统一,发挥各自优势与特点,更好地为教学服务,最终形成以《上海市小学科学学科教学基本要求》为标准,科教版《自然》为主体,《Light Up Science》为补充的课程体系。在科学课堂上,学生既能够学习科学知识,也能够掌握一些常用科学术语的英语表达方式,为以后的进一步学习打下坚实的基础。

在课堂活动设计中,我们注重从学生的日常生活出发,设置探索性的课程内容,例如酵母菌吹气球、望远镜的制作等,以便学生能够主动积极地参与到活动中。在成果展示环节,利用课件讲解、实物展示、小品表演等多种形式,来表现学生的创造力,激发学科兴趣,培养创新精神。

二、建设"奇妙社团",开启探索之旅

学校科技类拓展课程,目前包含有神奇科学堂、Scratch编程、科技动手做、航空航天模型、动感车模和乐高机器人等课程,其中神奇科学堂和科技动手做,属于基础课程,内容难度不大,但是生动有趣,适应一到三年级的低年龄段儿童,目的是为了能够更好地培养学生对科学的兴趣。航空航天模型和动感车模属于进阶课程,主要是培养学生动手能力和应变能力。Scratch编程和乐高机器人属于高阶课程,不但要求学生有较强的动手能力,同时也需要学生具有跨学科知识运用能力。在社团活动中表现优秀的学生会进入校队,获得专业能力的进一步提高,并能够代表学校参加各级别大赛。

三、开展"奇妙赛事",激发参与热情

每年我校都会承办创新大赛及头脑奥林匹克(Olympic of the mind,即OM)亲子擂台赛活动,在学校浓厚的科技氛围下,学生的参赛热情高涨,平均每年吸引100余组家庭参加。OM创新活动既满足了同学们强烈的好奇心,又帮助孩子们体会世界的多元化,用他们丰富的创造力,去收获知识和欢乐。

参加市级区级比赛前,学校都会先在校内进行初步培训和选拔,然后推荐优秀学生参加各级公开赛。例如每年参加"青少年科技创新大赛"前,进行全校报名,然后根据报名情况进行培训,让学生们详细了解大赛的参赛规则和项目,包括课题选取、论文格式和写作技巧等多个方面,课程结束后辅导老师耐心指导学生进行发明创造、撰写科技论文。

四、推行"奇妙活动",体验科技奥秘

学校充分利用社会教育资源,与一些科研机构及院校合作,不定期请专家来校进行科技讲座。在学校教学区域开辟科技展示区域,张贴学生绘制的科技画报,陈列展示学生优秀作品。每周播放不同类型的科普电影,开拓学生视野。

根据课程内容不定期发布主题学习活动,在公众号上发布学习内容,通过线上线下结合的方式,让学生亲身体验。例如,在学习火星这个内容之前,公众号上发布"探索火星"这个任务,其中详细说明了登陆火星要做的一些事情。第一步:制定定居火星计划,提供一些可以让学生阅读的前人写的相关书籍;第二步:选一辆火星车,建设红色家园,根据图片发挥自己想象力,制作一辆火星车以及火星基地的模型。第三步:线下体验,参观火星展览,通过微缩模型,了解火星地貌和人类探索史。最后,学校举办火星展览,展示学生制作的火星车、火星基地等。

五、举办"奇妙科技节",展示科创风采

结合我校科技特色和学生的发展状况,为活跃科技学习氛围,提高探索求知欲,鼓励学生大胆创新,科技教研组每年都会举办"科技月"系列活动,分不同年级进行活动,主要内容如下。(见表 16-1)

表 16-1 分年级"科技月"主题活动设计

年级	科普体验	家庭小制作	探究活动	观摩体验
1—2年级	(1) 虚拟博物馆漫游 (2) 白醋剥鸡蛋	(1) 保护野生动物画报设计 (2) 气动纸火箭制作	(1) "少年爱迪生"科技创新活动 (2) 家庭物质鉴别	(1) 机器人航天科技小制作展 (2) 机器人工程挑战赛
3—5年级	(1) 鸡蛋不倒翁设计 (2) 观看航天科普视频	(1) 航天模型制作 (2) 植物标本制作		

奇妙科学课程旨在引导学生亲近自然,感受科学,养成热爱自然的情感和不断探究的兴趣,形成良好的行为习惯和科学态度,发挥探索精神,利用已有科学知识和学习能力解决未知领域的问题。在科学教育中积极实践以人为本、以学生为主体的策略,注重每位学生个体差异,充分发挥主观能动性,促进每位学生发展个性特长,培养科学价值观。

（撰稿者：黄剑）

后　记

　　这本书的出版,适逢复旦万科实验学校建校 25 周年之际。回首前路,从"享受教育"办学理念的提出,到 V-I-P 课程体系的建设,"复旦万科人"始终走在教育探索与改革的征程上。正所谓日拱一卒,功不唐捐,这段成书之旅见证了一所九年一贯制学校着眼时代发展、基于自身特点,打造学科特色的实践过程,蕴含着每一位学科建设者对教育的追求和期待。

　　本书从学科团队、学科愿景、学科目标与学科建设四个方面介绍了我校 16 门学科的特色建设成果,总结了复旦万科推进 V-I-P 课程体系的创新实践,是集体智慧的结晶。每个学科有每个学科的特色,每个学科有每个学科的追求。从理论到实践,从实践到反思,从反思到重构,我们从学习者的角度,重新审视和定位学生在教育中的地位,将学生置于教育的中心反观学校的学科建设,在不断地螺旋上升的过程中优化学校的学科建设。

　　我们希望,当你捧起这本书时,能够感受到我们作为教育者的温度。学科建设的过程,蕴含了我们对学科课程的理解、对教育的姿态、对儿童的深情期待,蕴含了我们"复旦万科人"孜孜以求的精神。课程变革,学科建设,只有起点,没有终点。我们还有许多的未知需要去探索和尝试!

　　我们也希望,对课程变革和学科建设的讨论能够在促进教师专业发展的同时,进一步激发教师对于学校特色办学发展的研究与思考,让更多的老师有机会、有意愿参与到特色办学品牌的创建中来。

　　感谢为本书作出贡献的所有老师,谢谢你们为本书撰写、校对、出版所付出的辛劳!我们还要特别感谢上海市教育科学研究院杨四耕先生,为本书的研究提供了精准的整体结构把握和强有力的智力支持。

我们怀揣着无限诚意,把本书献给行走在教育变革之路上、关心学校教育变革的每一个人!

编　者

2021 年 1 月

学校整体课程规划的七个关键	978-7-5760-0424-3	62.00	2021年3月
课堂教学的30个微技术	978-7-5760-1043-5	52.00	2020年12月
教学诠释学	978-7-5760-0394-9	42.00	2020年9月
原点教学:提升区域育人质量的策略研究	978-7-5760-0212-6	56.00	2020年8月

学校课程发展精品丛书

学科课程群与全经验学习	978-7-5760-0583-7	48.00	2021年1月
育人目标与课程逻辑	978-7-5760-0640-7	52.00	2021年2月
学科课程与深度学习	978-7-5760-0505-9	52.00	2021年2月
学校课程的文化表情:百花园课程的学科指向与深度实施	978-7-5760-0677-3	38.00	2021年2月
学校文化与课程变革	978-7-5760-0544-8	62.00	2021年2月
语文天生重要:语文学科课程群设计	978-7-5760-0655-1	44.00	2021年2月
五育并举的课程体系:致良知课程的旨趣与探索	978-7-5760-0692-6	48.00	2021年1月
学科课程与育人质量	978-7-5760-0654-4	48.00	2021年1月
在地文化与课程图谱	978-7-5760-0718-3	46.00	2021年2月
中观课程设计与学科课程发展	978-7-5760-0624-7	36.00	2021年1月
大教学:英语学科核心素养培育的课程模式	978-7-5760-0462-5	46.00	2021年1月

特色学校聚焦丛书

| 不一样的生命,一样的精彩 | 978-7-5675-8675-8 | 34.00 | 2019年3月 |

书名	ISBN	定价	出版时间
童味正醇:特色学校的文化图谱	978-7-5675-8944-5	39.00	2019年8月
特色普通高中课程建设探索	978-7-5675-9574-3	34.00	2019年10月
儿童是天生的探索者:360°科学启蒙教育	978-7-5675-9273-5	36.00	2020年2月
做精神灿烂的教师:教师自我成长的5个密码	978-7-5760-0367-3	34.00	2020年7月
让教育温暖而芬芳	978-7-5760-0537-0	36.00	2020年9月
快乐教育与内涵生长	978-7-5760-0517-2	46.00	2020年12月
故事教育与儿童发展	978-7-5760-0671-1	39.00	2021年1月
美好教育:学校内涵发展的循证研究	978-7-5760-0866-1	34.00	2021年3月
把美好种进儿童心田	978-7-5760-0535-6	36.00	2021年3月

跨学科课程丛书

书名	ISBN	定价	出版时间
大情境课程:主题设计与创意评价	978-7-5760-0210-2	44.00	2020年5月
社会参与素养的培育模型与干预机制	978-7-5760-0211-9	36.00	2020年5月
大概念课程：幼儿园特色主题活动设计	978-7-5760-0656-8	52.00	2020年8月
项目学习：进入学科的课程智慧	978-7-5760-0578-3	38.00	2021年4月

核心素养导向的课堂教学丛书

书名	ISBN	定价	出版时间
漾着诗性智慧的课堂教学	978-7-5675-9308-4	39.00	2019年7月
转识成智的课堂教学:核心素养导向的历史教学	978-7-5760-0164-8	40.00	2020年5月

书名	ISBN	定价	出版时间
学导式教学：学会学习的教学范式	978-7-5760-0278-2	42.00	2020年7月
高阶思维教学的关键技术	978-7-5760-0526-4	42.00	2021年1月
会呼吸的语文课：有氧语文的旨趣与实践	978-7-5760-1312-2	42.00	2021年5月
高阶思维教学的核心指向	978-7-5760-1518-8	38.00	2021年7月
磁性课堂：劳动技术课就这样上	978-7-5760-1528-7	42.00	2021年7月
核心素养导向的作业设计	978-7-5760-1609-3	40.00	2021年8月

特色课程建设丛书

书名	ISBN	定价	出版时间
教师，生长的课程	978-7-5760-0609-4	34.00	2020年12月
学校课程发展的实践范式	978-7-5760-0717-6	46.00	2020年12月
丰富学习经历：如歌式课程的愿景与深度	978-7-5760-0785-5	42.00	2020年12月
学科课程群设计方法	978-7-5760-0579-0	44.00	2021年3月
学校美育课程的立体建构：菁华园课程的逻辑与框架	978-7-5760-0610-0	36.00	2021年3月
关键学习素养与学科课程设计	978-7-5760-1208-8	34.00	2021年4月
学校课程设计：愿景建构与深度实施	978-7-5760-1429-7	52.00	2021年4月
生长性课程：看见儿童生长的力量	978-7-5760-1430-3	52.00	2021年4月
"慧阅读"课程：儿童视角	978-7-5760-1608-6	42.00	2021年6月
诗意栖居的课程愿景：智慧岛课程的逻辑与深度	978-7-5760-1431-0	44.00	2021年7月
每一个孩子都是最重要的人：V-I-P课程的内在意蕴与学科视角	978-7-5760-1826-4	54.00	2021年8月